공부방의 모든 것

공부방 1위 기업에서
10년 넘는 교사 대상 교육과
15년의 공부방 운영에서 찾은
성공하는 공부방으로 만드는
 모든 것

공부방의 모든 것

초판 1쇄 발행 2022년 9월 30일
지은이 김지나
발행처 더나음
등록 제2021-000036호
주소 대전광역시 서구 둔산북로 160
전화 042-352-1628
이메일 haneljina@naver.com
발행인 김지나
인쇄 우진기획
ISBN 979-11-976159-1-7

'더나음'은 독자 여러분의 창작을 함께합니다. 자기계발, 자서전, 수필 등을 계획 중
이신 분들을 본사 전화나 이메일, 인스타DM jina8099 로 연락바랍니다.

공부방의 모든 것

김지나 지음

추천의 글 모음

● 김지나 선생님의 〈공부방의 모든 것〉에는 공부방 창업, 운영, 관리 등 공부방 사업의 모든 것이 담겨 있습니다. 공부방의 입지 선정부터 각종 인허가 준비 및 등록에 이르기까지 필요한 서류 등의 생생한 자료와 함께 상세히 소개되었으며, 공부방 운영과 회원 관리에 대한 노하우 등도 꼼꼼히 기술되어 있습니다. 김지나 선생님의 친절한 목소리에 귀 기울이다 보면 공부방을 어떻게 시작해야 할지 막막했던 초보 선생님들에게는 커다란 자신감이 생길 거라 생각합니다.

김지나 선생님의 첫 책 〈한번쯤 내 인생을 말하고 싶었다〉가 이 시대를 살아가는 힘들도 지친 보통 사람들에게 위로가 되었다면, 두 번째 책인 〈공부방의 모든 것〉은 삶을 대하는 태도며 슬럼프를 극복하는 방법, 용기와 소통이 왜 필요한지에 대한 선생님만의 소회가 담겨 있어 새로운 시작의 든든한 버팀목이 되어 줄 것입니다.

15년 동안 푸르넷 공부방의 우수교사로서 역량을 십분 발휘하여 책임과 역할을 다해주고 있는 김지나 선생님께 마음을 다해 큰 박수를 보냅니다. 선배 교사로서 후배들에게 자신이 가진 것을 아낌없이 나누려는 따뜻함과 당당함이 느껴지는 이 책은, 선생님의 또 다른 인생 성장기라 생각합니다. 선생님의 다음 책이 기다려집니다.

- 김무상 (금성 출판사 회장)

● 교육은 인간의 성장과 발달, 그리고 행복한 삶을 돕는 과정 속에서 실천하는 주체마다 역할과 책무를 가진다. 공교육과 사교육을 정의하는 사람에 따라 그 역할과 책무를 다르게 부여하게 되지만 학생들의 입장에서 이 책은 사교육의 한 영역인 공부방에서 교육을 실천하는 교사들이 학생들의 배움의 과정에 그들이 어떻게 공헌할 수 있는지에 대한 지표가 되어 준다.

- 김현주 (현직 초등교사, 교육학 박사)

● 이 글은 공부방에 대한 이야기지만 비단 공부방에만 국한된 이야기는 아니다. 교육업과 관련된 창업과 운영에 대한 저자의 경험과 노하우가 잘 스며든 책이다.

- 김희봉 (교육공학 박사, '다시 강단에서'의 저자)

응원의 글 모음

책을 내며 나는 우리 아이들의 사진이 들어갔으면 좋겠다고 생각했다. 책표지 시안을 보내드리고 사진을 넣어도 되는지 학부모님께 일일이 연락을 드렸다. 전학으로 연락을 주고받지 못했던 학부모님도, 오랜 기간 지금까지 아이를 맡겨 주시고 계신 학부모님도 모두 반갑게 맞아주시고, 응원의 메시지를 담은 허락 메시지를 주셨다.

● 어머!! 안녕하세요 선생님ˆˆ 너무 오랜만이네요, 잘 지내시죠~?
아이들과 가끔 공부방 이야기해요. 그때가 그립기도 하구요ㅠ 저 사진 저도 기억이 나네요. ㅎㅎ 당연히 사용하셔도 됩니다!!ˆˆ책을 내신다니 너무 축하드려요. 항상 열심이신 선생님 멀리서 응원하겠습니다! 늘 건강하고 행복하세요ˆˆ
                         2014년-2020년 박유호 박은서 학부모님

● 선생님 안녕하세요 ~ˆˆ
바쁘실텐데..책까지 내시고 정말 대단하세요..사진은 넣어도 좋습니다. 둥이들한테 공부방에서 선생님과의 시간들이 좋은 추억이었는데...둥이들에게도 전해 주겠습니다. 둥이들은 세종에서 야구 열심히 하고 있어요~ 벌써 키가 180입니다~ㅎ
항상 건강. 행복하시고, 하시는 모든일..번창하세요 ~ˆˆ
                         2015년-2020년 장하은 장성현 장성민 학부모님

6

● 어머 축하드려요. 한 권 찜입니다~^^. 넣어도 좋습니다.

- 2018~현재원생, 함동권 학부모님

● 사진 넣어도 괜찮아요. 축하드려요.

- 2009~현 재원생 ,길형준·김경민·겸경필 학부모님

● 김지나 선생님은 모든 일에 진심이다. 좋은 결과를 내기 위해 노력의 방향을 끊임없이 탐색하는 사람이다. 그래서 노력을 능력으로 변화시키며 성장해 온 선생님의 공부방 이야기가 모두 진심이다. 삶의 방식이 노력 그 자체인 사람일지라도 무엇을 어떻게 해야 하는지 모른다는 것은 때로는 비효율적이다. 그러한 사람들에게 이 책은 성실한 노력을 성장 능력으로 만들고, 자신의 가치를 상승시킬 수 있는 기술적이고도 심리적인 모든 방법을 섬세하게 담아내고 있다.

- 손재형 (2002-2014, 공부방 원장)

프롤로그

그렇게 많은 회원을
어떻게 혼자 관리하세요?
학생이 넘치는 공부방을 만드는 비밀
도약을 위해 꿈꾸는 공부방 선생님의
노하우를 만나는 시간

지금 취업을 생각하고 계신가요? 마음에 딱 맞는 직장을 구하는 것이 쉬운 일이 아니죠? 직업의 종류가 아무리 많아도 그중에 내게 맞는 일은 또 어떤 것일까요? 전문가들이 추천하는 직업들도 너무 다양하고 나하곤 거리감이 느껴져서 선택은 미뤄지고 고민만 깊어갑니다.

그래서 저는 이렇게 생각합니다. 보람을 찾는 일, 그러면서 돈이 되는 일, 그런 일을 찾으면 좋을 것 같습니다. 그런 이유에서 저는 공부방을 시작했습니다. 게다가 아이를 키우며 할 수 있는 일로, 제가 아는 범위에서는 딱 맞는 일이었습니다.

제가 이 일을 시작했을 때 아이는 유치원 6세 반이었답니다. 전에 했던 일인 설계회사에서는 밤을 새워 대형 프로젝트를 팀원들과 진행하기도 하고, 직장인이나 대학생을 대상으로 강의도 했었습니다. 아이가 어려 전업주부로 지내야만 할 시기엔 아이가 잠든 시간에 잠을 줄여 가며 임용시험을 준비하기도 했습니다.

지금은 이 공부방을 운영한 지 어느덧 15년째, 선생님들의 공부방 운영에 대해 기업에서 강의한 지도 벌써 12년 차가 되었습니다. 이제 더 많은 분과 소통하고 응원하며 서로 성장하고 싶은 마음에 공부방에 관한 내용들을 정리해 봅니다.

공부방을 저보다 더 오래 하신 분들도 계실 테고, 한참 열정적으로 일하시는 전성기에 계시거나, 아니면 처음 시작하시는 분들도 계실 것입니다. 함께하고 있는 일에 대해 이 책을 통해 생각해 보면 좋겠습니다.

두 번째 책을 시작하며….

9

| 차 례 |

제2장 공부방 운영 및 관리

홍보   현장 속으로 온 몸으로, 그리고...마음으로

고객관리   더 성장하는 공부방

제3장 과목별 공부방 지도 Tip

제4장 자기관리

변함없는 진실, 내가 내 인생의 주인공

슬럼프에서 벗어나기 10가지 방법

나를 응원해 줄 사람 항상 잘할 수는 없다

도전 그리고 성장 '끊임없이' 성공보다 성장이 핵심

제5장 Q & A, 공부방을 하면서 나도 궁금했던 것들

창업에 관하여

학생지도에 관하여

운영/관리에 관하여

에필로그

66

실패를 해보지 않은 사람은

한 번도 새로운 일을 도전해보지 않은 사람이다

99

-알버트 아인슈타인-

제 1 장

공부방 창업

또 하나의 직업,
공부방 선생님

직업의 세계와 공부방

세상엔 참 많은 종류의 일이 있다. 직업이라고 말해야 하나? 직업이라 말하기 애매한 부분들도 있기에 일이란 표현이 좀 더 어울릴 것 같다.

워크넷 자료에 따르면 2019년 말 기준 우리나라에는 12,823개의 직업이 있다고 한다. 유사한 직업군까지 포함하면 16,891개의 직업이 있다고 하다. 이렇게 많은 직업 중에 내가 하고 싶은 일은 어떤 것일까?

제4차 산업혁명이 우리 피부에 아직 느껴지진 않겠지만 이미 우리 가까이에 와 있음 또한 사실이다. 행정안전부 통계에 따르면 전체 인구 중 50대가 가장 큰 비중을 차지하며 평균연령이 43.4세로 10년 뒤 50대 이상이 인구의 절반을 넘어설 예정이다. 대한민국도 머지않아 초 고령화 사회로 진입하게 된다.

그런데 평균연령 40~50대를 생각해보면 다소 고민이 깊어진다. 40대 중반이 되면 아이들 성장기 중 가장 큰 목돈이 들어갈 때이며, 50대에도 이러한 부담에서 자유로울 순 없다.

그중에 어떤 이는 자녀가 일찍 경제적으로 독립해서 목돈에 대한 부담이 줄어든다 하더라도 앞으로 자신의 노후를 설계해야 하는 것은 누구도 다르지 않은 현실이다.

과거에는 자식이 부모보다 잘 될 확률이 높아 자식이 부모의 노후를 책임질 수 있었지만, 그땐 그만큼 기대수명이 짧았다. 하지만 지금은 100세 시대이다. 그리고 이 세대는 자녀에게 100살까지 나를 책임지라고 부탁할 수 있는 세대가 아니다.

오히려 부모에게 기대어 사는 '캥거루족'이 늘어나 자녀가 노부모의 리스크가 되는 시대라고 한다. 자신만의 포트폴리오가 있다면 노후가 덜 불안하지 않을까 싶다.

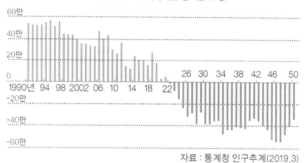

25~64세 인구 증감 추이 및 전망

인구는 점점 줄어들고 사람들의 기대수명은 늘어나면서 이제 우리의 생각도 바뀔 때가 되었다. 노후 설계 전문가 강창희 대표의 '나의 노후를 책임질 사람은 바로 나 뿐'이라는 말에 공감하는 이유이다.

그는 가장 확실한 노후 대비는 평생 현역으로 단 50만 원이어도 죽을 때까지 벌어야 하는 플랜을 짜야 한다고 한다.

부부가 한 달을 무리 없이 생활하기 위해서는 일정한 수입 500만원이 있으면 적당하다고 한다. 나처럼 1인가구의 경우라 해도 크게 줄진 않을 것이다.

관리비, 보험료, 주유비 등 기본적으로 들어가는 지출은 동일하다고 보면 된다. 오히려 품위유지비가 추가 되어 더 들어가지 않을지 걱정이 될 정도이다.

하지만 은퇴 후 월 500만 원의 수입을 미리 준비해 둔다는 것은 생각만큼 쉽지 않은 일이다. 돈이 있다 해도 하루일과 중 일정한 시간을 차지할 만한 일이 없으면 나갈 곳이 없고 만날 사람도 없어 건강한 노후에 도움이 되지 않을 것이다.

최근 취업자 통계를 보면 취업자 10명 중 7명은 50, 60대가 차지하고 있다. 나이 들수록 많이 하는 고민 중 하나가 '내 노후를 알차게 설계할 지금 내가 할 수 있는 일은 무엇일까'일 것이다.

그러면 우리나라 4-50대 여성이 주로 하는 일은 무엇이며 전업주부로 살아왔거나 육아 등의 문제로 장기간 일을 쉬게 된 여성의 경우 40대 후반이 되어 다시 할 수 있는 일은 무엇이 있을까?

아이가 성인이 되면 부모의 역할이 한정적일 수밖에 없으므로 그 나이에 다시 직업을 생각하는 경우가 적지 않다. 경제적 이유만 아니라 20여년의 긴 육아를 마치고 이제 막 자아를 찾고 싶어지는 시기이다. 하지만 현실은 일자리가 많지 않을뿐더러 나와 맞는 일자리를 찾기도 쉽지 않다.

일하고 싶은 욕구를 누르고 살 수만도 없고, 누가 내 노후를 책임져 줄 것인가를 생각하게 된다. 그리고 내 노후는 내 몫이란 것을 깨닫는다.

　예전에는 60세가 되면 쉴 때가 되었다고 생각했지만, 지금은 60
대에도 무엇인가 하고 있어야 한다는 생각이 당연한 시대이며 앞
으론 그 시기가 더욱 늦춰질 것이다. 그런데 60대가 되어 일자리
를 찾는다고 생각했을 때, 일자리를 선택하는 데에 늦은 듯해도
미리 준비해서 60대를 맞이하는 편이 훨씬 잘한 결정이다.

4월 취업자 22년만 최대폭 증가, 절반은 '60대 이상 고령층 일자리'
-2002년 4월 고용동향 〈통계청〉

연령별로는 60세 이상에서 42만4000명 늘어 절반 가까이를
차지했고, 50대에서 20만8000명, 20대 19만1000명, 30대
3만3000명, 40대 1만5000명 각각 증가했다. 주로 60대와 50대
등 고령층 지표가 크게 개선됐다. 이는 경제활동인구에서
50~60대 구성비가 큰 경향이 영향을 준 것으로 해석됐다.
고용률은 60대 이상 44.7%(1.4%p↑) 등이다.

@뉴스앤잡 2022.5.11 www.newsnjob.com

공부방을 운영하고 있거나 또는 운영하고자 하는 교사들을 대상으로 10년 넘는 강의를 해오는 동안 많은 변화가 있다. 가장 눈에 띄는 점은 입사하는 교사들 연령대의 변화이다. 이전에는 30대 중반에서 40대 초반이 대부분이었다. 지금은 50대에 신입 교사로 입문하는 비율이 느는 추세이다. 기존 공부방을 운영하고 있던 교사도 50대 중반이면 은퇴를 생각하는 교사가 대부분이었다.

하지만 지금은 그 시기에 입문을 하는 교사가 증가하는 만큼이나 60대에도 왕성하게 공부방을 운영하고 '마우스 잡을 힘만 있으면 계속 하겠다'는 은퇴 자체를 생각지 않는 교사가 많다.

공부방 선생님이란 직업이 이젠 평생 직업으로 인식되는 시기가 온 것이다. 학원을 운영하던 경험을 살려 재택으로 운영하더라도 규모만 줄였을 뿐 400만 원 이상의 수입을 얻는 일은 매우 흔한 일이 되었다. 자기관리만 잘하면 그만큼 경쟁력 있는 직업군이 공부방 선생님이다.

물론 선생님에 대한 우리들의 인식은 많은 변화가 생겼다. 사회적 분위기뿐만 아니라 선생님들 스스로도 교직에 대한 생각에 변화가 있다.

과거 '선생님 그림자는 밟지도 않는다'는 말은 요즘 사람들에게는 그저 나이 많은 꼰대들의 언어일 뿐이다.

그럼에도 우리 선생님들 대부분은 교권이 무너진 이유를 사회적 분위기와 가정 내 예절 교육 부족, 그리고 학생의 잘못에 대한 엄격한 규율 미비라고 생각하는 분들이 많다.

학교에서 인성 교육을 하기가 너무 힘들다는 교사들도 있다는 것도 학부모 입장이 되어보면 이해도 되고 아쉬움도 남는다.

여러 여건으로 인한 학교 선생님들의 수동적이고 방어적인 모습에서 우리의 아이들이 배우는 학교에 많은 변화를 가져왔다. 어쩌면 공부방은 이러한 상황에서 학교 선생님들이 하지 못하는 역할까지도 맡아야 하는지도 모른다.

이러한 변화 속에서 성장하는 아이들을 책임져야 하는 공부방 선생님의 역할은 중요하고 또한 시대가 필요로 하는 사명이 틀림없다.

교사들의 교직에 대한 생각
초·중·고 교사 3932명 대상 온라인 설문 결과

교사가 학생을 대하는 태도가 변했나

89.3% 그렇다 　 단위: % 　 **10.7%** 아니다

어떤 점이 가장 변했나

54.2 학생보다 '무탈한 1년'이 더 중요하다

28.1 학생이 잘못해도 혼내거나 벌을 안준다

6.8 학생이 문제를 일으켜도 학부모와 이야기하지 않는다

학교의 교권 침해 문제가 심해지고 있나

98.3% 그렇다 　 단위: % 　 **1.7%** 아니다

교권 침해가 발생하는 가장 큰 원인은

40.4 교사 존경않는 사회적 분위기

31.7 가정 내 예절 교육 부족

20.5 학생의 잘못에 대한 엄격한 규율 미비

자료=시공미디어

공부방 창업은 신중하게

프랜차이즈 공부방을 창업하고 싶다면 우선 회사를 잘 선택해야 한다. 공부방을 하기로 마음을 먹고 나면 우리는 두 가지 선택지 앞에 선다. 개인 공부방을 하느냐 아니면 회사의 브랜드를 걸고 운영하는 기업형 공부방 일명 프랜차이즈 공부방을 하느냐이다.

물론 공부방별 최대수수료 반영비율은 경력 및 기타 요건별 오차가 있을 수 있고, 회사별 교육과 출근 조항 등이 다르므로 자세한 사항은 기업별 공부방 사업설명회 일정을 참조해 직접 살펴보아야 한다.

공부방의 특성상 시작을 하게 되면 아이들의 학습을 책임지는 일인 만큼 쉽게 폐업이나 유형을 변경하기 어렵다. 공부방을 운영하는 사람의 성향 상 책임감은 기본이기 때문이다. 시간을 두고 시작할 때부터 신중해야만 한다. 남을 탓할 나이도 아니니 처음 시작에 신중에 신중을 기울이면 좋겠다.

내가 15년 동안 운영하고 있는 공부방은 1인 원장 시스템에 프랜차이즈 공부방이다. 학원, 상가형 교습소, 아파트형 교습소 다양하지만 여기서는 개인 또는 프랜차이즈 두 가지로 제시한다.

우리에게 익숙한 몇몇 공부방의 종류에는 비교적 큰 규모의 금성출판사의 푸르넷공부방과 천재교육의 해법이나 셀파 공부방 등

을 생각할 수 있다. 아울러 웅진출판사의 웅진 홈스쿨, 유아와 초
등 저학년 중심의 아소비 공부방 그 외에도 창업할 수 있는 크고
작은 공부방이 있다.

<프랜차이즈 기업별 수수료/가맹비 대조표>

구분	수수료	가맹비/보증금	지원사항
해법/셀파	0%	150만원	회원모집, 홍보지원, 초도물품 지원 등
푸르넷	30%	없음	
아소비	0%	319만원	
교원구몬/ 수학의달인	26~35%	없음(임차료 무이자대출지원)	기타 제반 교육지원 시스템은 회사별로 다를 수 있음
웅진씽크빅	50%(최저수 수료보전)	없음	
대교	50%	없음	
아이스크림 홈런	40%	없음	

** 가맹비 및 수수료는 회사 사내 규정과 연도별, 시책에 따라 차이가 있음.

대표적인 몇몇 프랜차이즈 형 공부방 기업은 가맹비가 있다. 물
론 가맹비가 없는 공부방 기업도 있다. 가맹비는 대체로 200~300
만 원 선이다. 어느 공부방 기업은 가맹비는 없지만, 중도에 계약
을 해지하면 위약금 등의 규정이 있기도 하다.
　교사에 대한 체계적 관리시스템이 있는 곳 또는 그렇지 않은

곳도 있다. 이는 회사가 공부방을 운영하는 방식에 따라 달라진다.

까다롭게 애써 고르지 않아도 교재비만 회사에 입금하는 방식과 교재비와 콘텐츠 비용을 입금하는 방식도 있다.

다만, 가맹비의 경우 교사 모집과 관련하여 사내 시책에 따라 가입비용 부담을 줄여주기도 한다. 기업 차원에서 많은 신입 교사를 모집하려는 교육 시장의 경쟁이 치열하기 때문에 시기와 정책을 잘 확인한다면, 가맹비 없이 무자본 창업도 가능하다.

회원모집을 관리사원이 지원해주는 시스템으로 운영되는 프랜차이즈 공부방의 경우는 영업력이 다소 부족하거나 자신이 없는 초보 원장에게 매우 유용한 시스템이다. 영업사원이 회원모집을 대신해주기 때문이다.

내가 돈을 들여 영업사원을 채용하거나 전단업체에 문의하지 않아도 영업사원이 내 동네를 책임지고 홍보하고 회원을 모집해준다. 프랜차이즈 회사에 돈을 지불하는 이유가 여기에 있다. 분명한 장점이다.

운영자 자신의 상황에 맞는 유형을 고려해 시작한다면 누구나 세상에 선한 영향력을 주며 자아를 성장시키는 역할을 '공부방'이란 직업이 만들어 준다.

공부방으로
'내 돈, 내 산'의 삶을 산다.

내 차는 BMW5 시리즈 2018년형이다. 빚도 재산이란 말이 있지만 오랜 나의 동료가 될 내 차는 현금을 주고 신형 신차를 구입했다. 리스로 3개월을 쓰는 조건으로 200만 원을 할인받을 수 있어서 3개월은 리스를 이용했다. 6천만 원이란 돈을 재테크에 활용했다면 어땠을까 생각한 적도 있지만, 투자에 대해 잘 알지도 못했지만, 내게 투자하기로 했기 때문에 후회는 하지 않는다.

앞으로 10년 이상 나의 사업 파트너가 되어줄 차에 과감하게 투자했다. 1인 사업이니 차는 사업 파트너이고, 휴대폰은 내 비서이기도 하다.

싱글맘으로 아이를 키우고 일도 해야 하기에 아끼면서 살아야 하지만 나는 가끔 나에게 투자하기도 한다.

21평 복도식 비좁은 아파트에서 살림도 하고, 아이도 키우면서 공부방을 했다. 그리고 나는 대전의 대치동이라 불릴 만큼 교육열이 높은 대전 둔산동 중심에 집을 샀다.

자타공인 학원가 바로 옆 아파트는 학부모에게 인기 있다. 단지 공부방을 해서 모아 빚 없이 현금으로 샀다. 빚이 무섭다는 걸 잘 알고 있고 투자에 대해서는 더더욱 몰랐던 시기여서 굳이 모험을 하고 싶진 않았다.

주식이나 다른 투자도 그간 상승했을 테지만 바쁜 나는 주식 어플을 보고 세상을 연구할 틈은 없었다. 단지 우연한 기회에 공부방을 그만두고 노후에 살기 적당한 집을 하나 마련해 두기 위해 공부방을 하며 모은 돈으로 집을 사게 되었다. 그 집이 산 금액에 비해 지금 두 배 이상 올랐다.

흔한 수입차를 타고 집값도 올랐다고 자랑하는 것이 아니다. 공부방 사업으로 그만큼 안정적인 삶을 꾸리게 된 것이다. 그만큼의 도전할 만한 가치가 있다는 내 생각을 전하고 싶은 것이다.

그리고 아이가 필요로 하는 만큼의 지원도 해주며 키웠다. 고등학교 시절 야간자습을 너무 싫어해 학교 담임선생님께 부탁드려 그 시간을 빼고 아이가 원하는 대로 독서실을 선택하게 해주었다.

코로나로 학교 못 가는 날이 많고 독서실도 개인전용 1인실을 원하면 그렇게 해서 고등학교 내내 편히 공부할 수 있도록 해주었다. 아이에게 유명한 영어 과외선생님을 붙여줬지만 아이는 자기와 맞지 않는다고 했다.

나는 공부에 관한 전적으로 아이에게 맡기기로 했다. 아이는 스스로 학원을 찾고 필요한 공부를 했다,

물론 중학교 내내 한 선생님께 과외를 받았다. 선생님의 사정으로 지속할 수 없어 일 년 정도 아이는 영어로 방황을 좀 했다. 그 뒤 필요하거나 어려운 부분은 메가스터디나 대성 인강을 요청해, 나는 그저 스마트폰 클릭 몇 번으로 아이 공부에 협조했을 뿐이다.

직업이 아이들을 가르치는 직업이다 보니 내 아이 부족한 것이

오죽 많이 눈에 들어왔을 터이지만 그 또한 '내가 감수해야 하는 부분'이라고 생각해 못 본 척 기다리며 눈을 질끈 감았다.

고집 센 아이를 키우는 엄마는 수없이 많은 마음 훈련이 필요한 일이다. 그렇지만 그 고행이 몸에 배는 날이 오면 사이좋은 관계가 시작된다. 그날부터 서로가 자유로워진다. 아이는 스스로 책임지는 아이가 되어갔다.

이제 우리 기다림의 첫발을 내디디면 어떨까? 물론 아이가 원하는 대로 공부를 계속하게 되면 계획에도 없는 지출이 있기 마련이다.

아이에게 풍족하게 해 주진 못했을지 몰라도 엄마로서 가장으로서 한 치의 부끄럼 없는 떳떳한 돈을 벌고 그 돈으로 나도 내 아이도 살아가고 있다. 공부방을 하면서부터다.

아이를 어떻게 키울까. 다른 엄마들은 좋은 옷도 입히고 좋은 학원도 골라 보내는데 나는 아이에게 해 줄 경제적 능력이 없다고 자책하지 말고 이제부터 시작하면 된다.

공부방에 다니는 모든
아이들이 이렇게 밝게 빛나면
정말 좋겠다. 그런 날엔
신기하게 힘이 하나도 들지
않을 뿐 아니라 하루가
뿌듯하다. 공부방 선생님은
아이들을 진정 사랑하는
직업임을 알게 된다.

공부방
어떻게 시작할까?

나는 2008년 4월 벚꽃이 한창인 달 공부방을 열었다. 그 당시엔 공부방이라는 명칭 자체가 주는 느낌 때문에 공부방을 학원의 개념보다는 보육의 개념으로 이해하고 물어오는 고객들이 많았다. 당연히 무료 또는 소액의 교육비를 생각하고 오는 일이 대부분이었다.

지금은 공부방이란 이름을 걸고 아이들을 지도하는 기관이 많아 학원이나 교습소와 동일한 개념으로 인식되어 있다. 코로나와 같이 오랜 기간 교육 현장을 바꾸어 놓은 일이 앞으로도 얼마든지 있을 테지만, 아이들을 잘 지도하는 선생님을 찾는 고객은 변함없다. 공부방창업을 생각하고 있다면 이것만은 꼭 고려해보아야 한다.

어디에서 가르칠까 :입지선정
어떻게 시작할까 : 공부방유형
무엇을 가르칠까 : 과목선정, 교재선정
얼마나 필요할까 : 창업자금

입지 선정

입지선정은 맨 먼저 주변에 학교가 얼마나 있는가를 확인하는 것부터 시작한다. 즉, 유치원부터 초등학교 중·고등학교가 얼마나 있으며, 가르칠 학생들이 어느 정도인지를 파악해야 한다.

다음으로는 이 중에서 교육시킬 대상 즉, 초등학생을 대상으로 할 것인지, 중학생을 대상으로 할 것인지를 정하고 입지를 정하는 게 좋다.

유아 한글 떼기와 수 그리고 초등까지만 가르치겠다면 입지를 정하기가 비교적 수월하다. 작은 평수 아파트가 많은 단지를 끼고 시작하면 무조건 잘 된다. 아파트 상가라면 어린이집이나 유치원도 있고 그 외 태권도, 미술, 음악학원이 있으니 홍보에 전적으로 도움이 된다. 아파트 게시판에 회원모집 전단을 할 때에도 A4용지 한 장에 상가 학원이 공동으로 홍보하는 방법은 비용도 절약된다.

유·초등 저학년은 아파트 단지 크기에 크게 구애받지 않아도 된다. 그 아파트에 다니는 아이들은 대부분 한 학교에 다니기 때문이다.

중등부 이상 공부방을 생각하고 있다면 학교마다 교과서가 다르고 단원구성도 다를 수 있다. 특히 국어와 영어의 경우 학교마다 학교에 맞는 출판사 교재를 선정해 사용하므로 내신관리에 한 학교를 하는 초등에 비해 운영에 더 많은 에너지가 요구된다.

주력학교가 있으면서 부수적인 학교가 있으면 좋은데 그러려면 주변에 중학교 두세 개가 멀지 않은 곳에 오픈해야 한다. 그렇지 않은 경우 회원모집과 관리를 위해 차량을 운행해야 하는 부담이 있다. 물론 차량을 하지 않는다면 지도하는 학교 수도 제한적이다. 그러므로 많은 학교보다는 한 학교에 많은 회원을 유치하는 쪽이 효과적이다.

공부방 유형

공부방을 하려는 분의 아이가 유치원에 다닌다면 유·초등 회원을 전담하는 유형의 교습을 시작하면 좋다. 우리 아이가 유치원에 다닌다면 종일반을 마치고 귀가하는 시간은 대략 5시다. 더 오래 유치원에 머물 수 있는 기관도 있지만 일반적인 경우 5시로 보면 된다. 우리 아이가 귀가해 쉬면서 엄마를 기다린다. 그러니 엄마가 수업을 마치는 시간도 그때가 적당하다. 아이가 기다리는 시간이 너무 길면 그만큼 엄마와 아이는 힘들고 일상의 리듬에 부정적 영향을 줄 수 있다. 엄마도 수업 후 육아를 위해 에너지를 남겨두어야 하기 때문이다.

유 초등만을 대상으로 하면 가까운 거리 즉 도보가 가능한 곳에 있는 공부방을 선호한다. 엄마가 오가지 않아도 아이들 스스로 귀가하기에 안전하다. 이는 엄마들의 입소문 그리고 그룹으로 만들기에도 유용하다. 차량을 이용하지 않아도 되는 점은 공부방 운영에도 큰 도움이 된다.

초등 고학년부터 중고등부를 할 경우는 차량을 운영해도 수입에 지장이 없을 만큼의 수익이 보장된다. 초등 고학년은 이미 학부모는 중학생이라 생각하고, 중고등부 형 누나들과 함께 수업하는 것을 공부습관이나 학습 분위기상 선호한다. 수입은 유초등부의 2~3배 그 이상이 보장된다. 학부모들도 중등이상이면 수업료가 대략 올라간다는 것쯤은 모두 알고 있다.

많은 학생을 유치하기 위해 수업료를 낮출 생각을 할 수 있다. 내 경험을 말하자면, 수업료를 낮춘 경우 교육의 질을 의심해서 입회되지 않은 경우가 더러 있었다. 수업료를 낮추는 것보다는 교육의 질을 높이는 방향으로 노력하는 것이 좋다.

아파트에서 공부방을 오픈하면 좋은 점은 우선 선생님이 편안하다. 아이들도 편안한 분위기에서 공부를 한다. 그렇게 가정 같은 분위기에서 공부하는 게 익숙한 아이들은 집에서 공부할 때도 공부 분위기가 별반 다르지 않다. 학원과 같은 분위기에서 하는 것을 불편해 하는 경우 효과적이다.

물론 상가학원이나 교습소는 여러 학교 아이들이 모이기도 하니 정보를 교환하는 데에는 효과적이다. 그리고 집에서는 공부가 잘 되지 않는 아이들은 학원 분위기를 훨씬 선호한다.

공부방 창업에 필요한 신고 및 등록

 공부방은 허가 사항이 아닌 신고 사항이다. 공부방이 위치한 관할 교육청에 방문하거나 우편으로 하면 되는데, 직접 가서 하면 30분 이내에 마칠 수 있는 과정이니 전화 문의 후 방문하는 것이 더 간편할 수 있다.
 신고필증은 관할 교육청 사정에 따라 신고필증은 우편으로 발송되기도 한다.

<개인과외 교습자 신고서 신청방법>

- 공부방이 위치한 관할 교육청에 방문 또는 우편
- 구비서류
  1. 신고서 1부
  2. 최종학력증명서 1부
  3. 자격증사본이 있는 경우 자격증사본 1부
  4. 사진 2매
- 신고절차
  관할 교육청 접수-서류검토 및 결재-신고필증교부

 개인과외 교습자 신고를 마쳤으면 한 가지 해야 할 일이 남아 있다. 관할 세무서에 사업자등록을 해야 한다. 개인사업자 등록은 국세청 홈텍스를 통해서도 가능하다. 공부방을 운영하고자 하는 장소가 자기소유 아파트인 경우엔 개인과외 교습자 신고필증만 준비하고, 임차한 경우엔 임대차 계약서를 지참해야 한다.

<개인사업자 등록 방법>

- 공부방이 위치한 관할 세무서에 방문 또는 홈텍스
  1. 사업자등록 신청서 1부
  2. 임대차 계약서 사본 1부 (자택은 제외)
  3. 개인 과외 신고 필증 사본 1부
  4. 본인 신분증 및 도장
- 신고절차
  관할 교육청 접수-서류검토 및 결재-신고필증교부

사업자등록증은 바로 발급이 가능해 10분 이내로 절차를 마칠 수 있다. 개인사업자로 등록되면 매년 5월 종합소득세 신고 대상이 되므로 사용하는 카드를 사업자카드로 등록하면 세금신고 시 도움이 된다. 자주 사용하는 카드 위주로 여러 개 등록이 가능하고 홈텍스에 간편 등록이 가능하다.

사업자등록을 마치면 자동으로 현금 영수증 가맹점으로 가입하라는 문자가 온다. 교습료를 현금으로 받는 경우는 현금영수증을 발행해주면 되고, 카드로 받는 경우는 카드 가맹업체를 통해 카드 리더기를 설치해 승인받으면 자동으로 소득으로 잡힌다.

<**현금영수증 가맹점 가입 방법**>

- 홈텍스 또는 전화로 가입 가능
- 국세상담센터 126

    1번(홈텍스상담)-1번(현금영수증)-1번(한국어)-4번(가맹점 현금영수증발급서비스)-사업자번호(10자리)-1번(비밀번호설정)-대표자주민번호(13자리)-비밀번호입력(4자리)-1번(가맹점가입완료)

지도 과목

　공부방을 시작하기 전 반드시 생각해야 할 것은 과목선정이다. 유아의 경우는 보통 6~7세 아이들이다. 한글 떼기와 수 기초이다. 한글은 시중에 나와 있는 교재 중 자모음자 부터 글자 쓰기까지 아이들 수준에 맞춰 선정해야 한다. 자칫 교사의 손이 너무 많이 가게 되면 수업에 어려움이 많다.

　교사의 입장에서 유아반 수업은 반드시 그룹 수업을 권하고 싶다. 그 시간엔 유아만 수업하고 초등과 가능하면 혼합으로 수업하지 않았으면 한다.

예외는 있으나 유아는 집중시간이 보통 20분 전후로 짧다. 혼합반의 경우에는 주 1~2회 정도로만 수업횟수를 조정하길 권한다. 초등 저학년과 혼합반으로 수업하는 경우 적지 않은 체력 소모가 크고 교육 효과도 떨어지기 마련이다. 아주 차분한 유아를 제외하면 선생님 혼자서 수업을 진행하려는 것은 어쩌면 과욕일 수 있다. 예비 초등인 경우도 마찬가지다.

초등의 경우 영어, 수학 그리고 전 과목으로 크게 분류한다. 전 과목의 경우 국수사과 또는 국영수사과 일 것이다. 영어 수학 단과 학원이나 교습소가 공부방 주변에 많다면 전 과목 공부방에 도전해 볼 수 있다.

물론 수업은 단과반의 두 세배로 어렵고 채점할 것도 늘어나고 선생님이 준비할 수업도 많아진다. 체력뿐 아니라 노력도 많이 든다. 하지만 주변에 이미 자리를 잡은 단과 학원과 경쟁에 도전할 만한지 생각해 보자. 만약 그렇지 않다면 전 과목을 지도하는 것도 고려해 볼만 하다. 사업은 이기는 법을 선택할 때 승산이 있다.

여기서 말한 전 과목이란 영어를 제외한 국수사과이다. 학습지 선택의 자율성과, 단과학원과의 교육비 경쟁 측면에서도 충분히 승산이 있다. 일단 살아남아야 하고 수입이 되어야 일을 할 힘이 난다.

방문 학습지의 경우 교재와 수업료가 각 과목별로 정해진다. 우리 공부방도 국수사과 별도의 수업료를 받을 수 있고 전 과목으로 하나의 교재 하나의 수업료를 받을 수도 있다.

중등의 경우는 단과 수업이 훨씬 수월하나 이 또한 전 과목을 원하는 학생도 있으니 주변 시장조사를 해보자. 어쨌든 과목은 단과가 가장 편하다. 수업 준비도, 운영도 전 과목에 비해 여러모로 여유 있다. 깊이 있는 수업을 하는 데에 준비하는 시간이나 고민도 절약되는 면이 있다. 시험 준비는 두 말할 나위가 없다.

성적관리도 어려움이 덜한 점을 기억하길 바란다. 나는 전 과목을 하느라 물 마실 틈도 없었을 뿐더러 머릿속은 온종일 수업에 관한 일들이었다.

교재 선정

공부방을 시작하면서 교재선택은 무엇보다 중요하다. 교재 때문에 프랜차이즈를 찾아 공부방을 결정하기도 한다. 내가 선택한 교재로 아이들과 오랜 기간 공부하게 될 것이므로 신중해야 한다. 내 경우 프랜차이즈 공부방을 운영하고 있음에도 교재를 고민하느라 시간을 보낸 일이 많다. 이유는 좀 더 많이 아이들에게 부족한 것을 채워주고 싶은 욕심이었던 것 같다.

프랜차이즈 교재가 내 성에 차지 않을 수 있지만 본사에서 많은 돈을 들여 전문가들이 만든 교재이니 안심하고 따라하는 것이 좋다. 만일 그렇지 않다면 기존교재에 더해져 나의 업무량만 늘리는 결과를 가져오니 교재에 대한 욕심은 내려놓는 것이 아이와 나의 건강한 공부방 생활에 도움이 된다.

그러니 처음에 잘 선택하는 게 중요하다. 공부방 운영은 대략 다음 세 가지로 나누어 볼 수 있다. 먼저 가맹과 동시에 가맹점교재와 콘텐츠 비를 입금하는 구조의 공부방, 두 번째로 가맹은 하되 교재비만 입금하는 구조의 공부방, 마지막으로 본인이 선정한 교재로 수업하는 자율형 개인 공부방으로 나뉜다.

첫 번째의 경우 가맹점 본사에서 자체 개발한 교재와 콘텐츠를 제공한다. 콘텐츠에는 교재에 상응할 만한 문제은행이 제공되며 교사들이 활용할 수 있도록 주기적인 교육이 진행된다.

두 번째의 경우도 첫 번째와 마찬가지로 가맹점 본사의 교재를 사용하게 되는데 첫 번째의 경우보다는 생각하기에 따라 월등하지 않은 콘텐츠를 제공받는다고 여겨질 수 있으나 추가적인 본사 납입 비용의 부담은 없다. 여기서 말하는 추가 비용이란 회원지도와 회원관리에 활용하는 교사전용 사이트를 활용하는 것을 말한다고 보면 된다. 첫 번째의 경우 회사 전용 결재시스템으로 결재해야 하며, 두 번째의 경우는 별도의 결재시스템으로 운영되지 않고 공부방별 카드단말기를 비치하여 사용한다. 이 두 경우의 장점은 공부방을 선택함과 동시에 교재에 대한 고민을 하지 않아도 된다는 점이다.

내가 선택한 교재 말고 더 좋은 교재는 무엇일까? 서점을 찾아다니지 않아도 되며 교육과정이 바뀔 때에도 내 대신 본사에서 미리 고민하고 교재를 만들어내어 준다. 교재비나 콘텐츠비를 소급해가는 만큼 그들도 열심히 내 대신 연구하고 있으므로 나는 수업에만 전념하면 된다.

세 번째 경우인 본인이 선정한 교재로 수업하는 자율형 개인공부방은 교재를 선정하거나 교육과정개정에 따른 발 빠른 대응에서는 어려움이 있다. 그렇지만 교육정보를 공유하고 함께 공부하는 커뮤니티가 찾아보면 많이 있다. 정보에 민감하게 반응하고 학습에 부지런한 교사라면 충분히 안정적인 운영에 어려움이 없을 것이다. 주변 온라인 커뮤니티에 관심을 갖는 부지런함은 필수이며, 프랜차이즈에 못지않은 내 공부방을 잘 운영하도록 돕는 온·오프라인 커뮤니티를 꼭 찾아보자.

교재는 개인 공부방의 경우 서점이나 총판을 이용하면 수월하다. 서점에 가서 교재 탐방을 해 보아도 좋지만 보통 잘 알려진 문제집 잘 만드는 회사는 손으로 꼽히는 몇몇이 있으니 검색창에 '총판' 검색하면 위치까지 친절하게 안내해 준다. 전화를 걸고 담당자와 통화해 교재를 선정하면 되니 걱정 없다. 언제나 기억할 것은 처음 시작이니 완벽할 순 없고, 각 출판사는 좋은 교재를 계속 만들어 낸다는 것이다.

공부방 창업비용

　공부방을 창업하는 유형에 따라 비용은 달라진다. 학원형 공부방일 경우 상가 임대료, 인테리어 비용, 공동 관리비 등이 들어간다. 다만 냉난방은 상업용이기에 부담이 덜하다.

　학원형인 경우는 규모에 따라 허가 사항이 다르다는 것은 염두에 둘 필요가 있다.

　교습소도 학원형과 규모가 다르니 허가 사항을 잘 체크해 두면 좋다. 학원에 비해 소규모이므로 인테리어 비용은 동일한 인테리어라도 비용부담이 줄어들 수 있다. 대신 교습소는 여러 과목은 수업이 쉽지 않다는 점을 알아두자. 아파트형 공부방은 기존에 주거와 함께 하는 경우 방 한 두 칸 또는 거실을 이용하는데 비용면에서는 크게 욕심을 들여 변경하지만 않으면 책상, 의자, 칠판, 소모품 등만 구비하면 되니 창업비용이 거의 들지 않는다고 볼 수 있다. 한 가지 더 고려한다면 프랜차이즈 형 공부방을 오픈할 경우 가맹비가 있을 수 있다는 것이다. 가맹비를 면제해주는 시책이 있는 시즌을 확인하고 해당 지점과 상담하는 것이 좋다. 현재 기업에서 운영하는 공부방 중　가맹비가 없는 곳도 있고 무이자로 임차료를 지원하는 곳도 있다. 이는 앞에서 설명하였다.

4차 산업혁명에 따른 공부방 사업의 변화

　코로나로 인해 우리 공부방 사업에도 빠른 변화가 진행되었다. 아직 먼 미래처럼 여겨질 수 있으나 우리가 생각하는 것보다 교육시장은 더 빠르게 변화하고 있으며, 동종사업의 오너들은 이미 준비를 진행 중이거나 변화를 완료했다.

　학교 선생님과 학생의 면대면 수업에서 비대면 수업으로 장기간 진행되면서 학원 또한 면대면 수업만을 고집하던 학부모도 상황에 따라 비대면 수업으로 전환하는 일정을 이해하게 되었다.

　회사마다 빅 데이터 기반의 AI를 활용하여 체계적인 학습콘텐츠를 앞 다투어 연구하고 제공하고 있으며 학생별 학습 데이터가 저장되어 학생과 학부모에게 제공된다.

　AI를 활용한 학습자 중심의 변화 과정에서 사람들은 교사의 역할은 축소될 것이라는 기대하는데 이는 성급한 판단이라고 본다. 오히려 교사의 역할은 더욱 중요하고 강화되어야 한다고 본다.

　다만 역할의 형태만 변화할 뿐이다. 면대면 수업에서 구현할 수 있었던 개별 학습 관리는 데이터를 꼼꼼하게 분석해 학생에게 필요한 것을 제공해야 한다. AI에만 맡겨놓으면 학생은 스스로 학습하는 법을 배울 수 있는 기회를 갖지 못할 수도 있다.

　학부모는 아직도 여전히 선생님의 터치가 중요하다고 여기고 있으며 나 또한 교사의 적절한 개입이 무엇보다 중요하다 생각한다. AI와 교사의 코칭의 적절한 분배와 협력으로 효과적인 운영의 기지를 발휘해야 한다.

<4차 산업혁명이란?>

- **4차 산업혁명은**
  ▷ 1784년 영국에서 시작된 증기기관과 기계화로 대표되는
    제1차 산업혁명
  ▷ 1870년 전기를 이용한 대량생산이 본격화된 제2차 산업혁명
  ▷ 1969년 인터넷이 이끈 컴퓨터 정보화 및 자동화 생산시스템
    이 주도한 제3차 산업혁명에 이어
  ▷ 로봇이나 인공지능(AI)을 통해 실제와 가상이 통합돼 사물을
    자동적·지능적으로 제어할 수 있는 가상 물리 시스템의
    구축이 기대되는 산업상의 변화를 일컫는다.

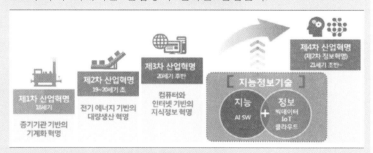

- **인공지능(AI · Artificial Intelligence)**
  ▷ 인간의 인식 판단, 추론, 문제해결, 언어나 행동지령, 학습
    기능과 같은 인간의 두뇌작용과 같이 컴퓨터 스스로 추
    론·학습·판단하면서 작업하는 시스템을 가리킨다.

[네이버 지식백과] 4차 산업혁명

                        66

모든 인간은 기업가다.

그들이 사업을 시작해서가 아니라

무언가 창조하고자 하는 의지가

인간의 DNA에 새겨져 있기 때문이다.

                        99

- 링크드인 (Linked in) 회장. 리드 호프만 -

제 2 장

공부방 운영 및 관리

52

홍보

현장 속으로 온 몸으로,

그리고

마음으로 ...

공부방 선생님은 우리 동네 공인이다

공부방을 시작하기로 마음먹은 순간부터 우리는 '어떻게 내 공부방을 알릴 수 있을까'를 고민한다. 그리고 연구하기 시작한다. 그런데 사실 공부방에 대한 사전지식과 경험이 있어도 무엇인가 새로운 방법은 없을까? 하면서 방법을 찾는 경우도 많다.

하지만 공부방 사업은 동네 장사다. 나는 그렇게 생각한다. 더 키워 확장해 볼까 하는 생각에 열심히 검색을 하고 상가를 알아보고 더 넓고 입지 좋은 아파트 단지, 좋은 평수를 알아보기도 한다.

그러다가도 장사가 잘된다고 함부로 매장을 옮겼지만 손님의 발길이 끊어진 썰렁한 가게를 지날 때면 내 사업에 비추어보게 되는 것을 보면 공부방도 동네 장사라는 생각에는 변함이 없다.

다시 그 생각을 접고 내 공부방을 더 밝게 벽지를 바꾸고 조명을 바꾸는 방법을 선택한다. 소심한 나의 성격일 수 있다는 변명도 해본다.

공부방을 오픈하고 자리를 잡으면서 동네 분들은 나를 '우리 동네 선생님'이라고 부른다. 아이를 키우다 보니 아파트에서 애기 엄마로 불려야 편할 테지만 나는 우리 동네 공인이 되어 그에 어울리는 행동을 보여주는 게 옳다고 여겼다.

바쁜 일과에 동네 분들을 만날 틈은 없었지만 짧은 순간의 마주침에도 가능하면 흐트러짐 없는 태도로 보여야 한다고 생각했다. 내가 조금 손해 보며 사는 게 그 하나의 방법이기도 했다.

그 덕에 아이도 불편함이 있었겠지만 아이도 나도 성장하는 감사한 면이 있다. 이런 생활이 몸에 베이게 되면 그게 곧 안티 팬 없는 공부방이 되는 방법이라고 생각한다. '수업을 잘한다'라고 소문을 듣고 오는 문의를 수업을 잘해서라고 해석하면 안 되는 까닭이다.

학부모 고객들 사이에 수업을 잘한다는 것은 아이의 눈높이에 맞추어 잘 이끌어준다는 말로 해석해야 한다. '눈높이'란 공부의 양과 질뿐만 아니라 아이를 대하는 태도가 어떠한지를 말한다. 그건 선생님의 성향, 인성에서 수업 안에 고스란히 드러나기 때문이다.

홍보에도 원칙이 있어야 한다.

홍보는 돈을 많이 들여야 한다는 생각은 편견이다. 1인당 월 회비를 기준으로 그에 비해 크게 벗어나지 않는 방법을 활용하면 된다. 그것은 우리 사업이 공부방 사업이기에 가능하다.

15년 공부방을 운영하면서 회원을 모집하는 데에 매월 기준을 두고 이에 벗어나지 않도록 신경을 썼다. 어린이날이 있는 5월과

1년을 마감하고 새해를 준비하는 12월엔 과감한 지출이 있지만 연간 평균을 내어 기준을 정해두면 좋다.

　회원이 적을수록 홍보비에 비중이 커진다. 밤새 홍보물을 만들어 아침 등굣길 아이들에게 놓치지 않고 나누어 주기 위해 이른 아침부터 교문을 지켰다. 초기엔 밤새 전단을 만들고 나누어줄 홍보용 사탕을 비닐에 넣어 아이들 등교 시간에 맞춰 달려 나갔지만 수업이 늘면 업무도 늘어 홍보할 시간이 절대적으로 부족해진다.

"

공부방은 홍보에 돈이 많이 들지 않는다.
그러므로 섣부른 지출을 줄이자"
너무 과감할 필요는 없다.
단, 소득의 5%만이라도 꾸준히 홍보에 투자하자!

"

　회원이 늘어나면 홍보할 틈도 없고 전단을 만들 틈도 없다. 그때 업체를 활용하고 온라인을 활용한다. 또한 공부방 상황이 어느 정도 수준에 도달하게 되면 내 학생이, 내 회원 학생 어머니가 나 대신 홍보대사가 되어준다.

　그들을 100% 활용(?)하기로 홍보의 방향을 전환하면 된다. 내 회원이 내 홍보대사가 되려면 어떻게 하면 될까? 당연히 회원들과 사이가 좋아야 한다. 그러니 공부 못한다고 야단만 치고, 내 속만 태우지 말고 아이들이 받아들일 수준에서 조절하면서 수업을 해야 한다.

　회원 어머니가 내 홍보대사가 되게 하려면 어떻게 하면 될까?
당연히 회원 어머니의 소중한 자녀들의 입에서 '선생님과 공부하
는 게 좋다'라는 말을 들어야 한다. 평소 꼼꼼한 교재관리 그리
고 아이들의 성적향상이 최우선 과제가 된다. 그렇게 하면 그들은
나의 영업에 플러스가 된다. 서로 서로 회원을 데리고 온다.

　오미크론이 유행하던 긴 연휴 끝 학교방학이 끝나 개학한 주
급격히 공부방 확진 회원이 늘어났다. 나는 수업 후 밤마다 시청
에 설치된 임시 검사소에 두 시간씩 긴 줄에 서서 여러 번의 항
원 검사를 했다.

　그리고 교사가 건강하게 공부방을 지키고 있다는 사진과 검사
결과를 단체 공지로 회원 부모님께 보냈다. 어느 때 보다 더욱 아
이들을 살피고 주의를 기울여 수업했다. 그 주 주말 오랜 학부모
는 한 주 동안 고생했다며 커피와 케이크 쿠폰을 보내왔다.

　한 주간의 긴장감이 학부모의 나에 대한 믿음과 기다림의 표현
으로 사라지는 순간이었다. 이러한 소중한 자원인 학부모 군단에
게 홍보를 맡겼다면, 그 다음은 당연히 우리 학부모 홍보팀에게
충실한 수업으로 보답해야 한다. 이게 바로 선순환인 것이다. 그리
고 시기적절하게 추가적인 보답을 하면 더욱 좋다.

　한 해를 마무리하고 시작할 즈음 마음을 담아 특별한 선물을
준비한다. 서로가 부담을 주지 않는 수준에서 작은 선물, 아이들과
함께 즐길 조그만 케이크, 입 소문난 커피 맛집 드립 커피를 상자
에 담아 준비하기도 한다. 간단한 선물의 경우 직영 공장을 접촉

할 수 있다면 비용을 반으로 줄일 수 있다. 근처 공부방과 함께 준비하면 대량 주문이 가능해 단가를 낮출 수 있다.

홍보 방법

오프라인

홍보는 전단지, 시연회, 아파트 게시판을 이용하여 꾸준하게 하자. 아파트 게시판은 대부분 게시판 이용료를 내야 한다. 그러나 성과는 기대 이하이다. 요즘은 게시판을 보기보다는 모바일로 공부방을 찾는 시대이기 때문이다.

하지만 첫 아이인 경우, 게다가 직장맘인 경우라면 퇴근길 게시판을 보고 사진을 찍어두고 우연히 지난 사진을 발견하거나 곧장 번호를 입력해 둘 것이다. 비록 그 고객이 휴대폰을 통해 검색한

다 하더라도 신규 회원으로 바로 이어지지 않더라도 언젠가는 알
게 된다. 그리고 이는 고객에 가장 가까이 다가가는 홍보 방법이
다. 여전히 게시판 홍보를 추천하는 이유이다.

이외에도 오프라인 홍보의 방법은 생각하면 하는 대로 무한하
다. 학부모나 기존회원의 소개를 통한 모집이 가능하고 무료 영화
상영이나 과자 파티 등 친구초대 이벤트는 효과 만점이다. 이사
시즌에는 유독 학생 자녀를 둔 세대의 이사가 눈에 띈다. 아파트
상가 부동산 사장님께 내 공부방 스티커 한 장을 입구에 부착해
달라고 부탁하면 사장님은 내 공부방에 대해 홍보까지 해준다.

숙제를 잘해오거나 발표를 잘하거나 생일인 날 등등 아이들에
게 숙제 도장을 찍어주고 그걸 모으면 분식 쿠폰을 준다. 공부방
아파트 상가 분식점 사장님과 협업을 이루어 오랫동안 해 오고 있
는 공부방 보상 제도이다.

아이들은 친구끼리 서로 모아 비싼 것과 바꿔 나누어 먹기도
하고, 먼저 모은 친구가 아직 채우지 못한 친구를 독려해 '숙제
도 해왔냐 오늘 발표는 네가 꼭 해라' 서로 격려 겸 눈치를 주어
가며 목표한 쿠폰 도장을 채워 신나게 분식점으로 향한다.

결재는 매월 말에 한 번에 하고 코팅한 쿠폰은 다시 재활용한
다. 열심히 홍보자료를 만들다 보면 아이디어가 생기고 신규 회원
을 맞이할 상상에 에너지도 생긴다. 오프라인 홍보는 시대가 변해
도 여전히 아이들을 공부방으로 부른다.

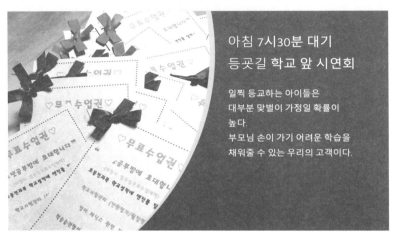

아침 7시30분 대기
등굣길 학교 앞 시연회

일찍 등교하는 아이들은
대부분 맞벌이 가정일 확률이
높다.
부모님 손이 가기 어려운 학습을
채워줄 수 있는 우리의 고객이다.

필자가 만들어 효과 본 학교 앞 시연회 홍보자료

모집하고 싶은
단과만 콕 집어!

상처밴드와 알콜스왑을 넣고 케리커쳐를 라벨지에 인쇄한 신규회원모집 학교 앞 시연회자료는 단순하면서 차별화 된 아이템으로 눈길을 끌었다. 모집단과만 콕 집어 문구를 넣어 시연회 홍보물을 만들어 두면 필요한 단과와 교육비만 변경하면 된다.

케리커쳐@모멘트

영화보는날
뽑기파티
요리교실
과학실험
파자마파티

학습과 운영 사이
의 공간을 채우는
역할은 교사의 매
일매일의 삶이다

회원, 학부모
기념일 챙기기
다자녀 회원
회비결재
감사쿠폰
지인소개쿠폰

성공적인 공부방 운영방식은

공부방 이벤트라는 부차적 활동으로
신규회원모집과 기존회원의 휴회를 예방하고
우리 공부방의 성공을 가져온다 결정짓는다.

온라인
다양한 어플과 블로그, 공부방 밴드는 꾸준함과 약간의 시간만 투자하면 된다. SNS를 이용한 마케팅은 공부방을 홍보하는 역할 비중이 커지고 있다. 내가 매일 전단을 한다 해도 그 전단을 본 고객은 일단 휴대폰을 들고 검색을 통해 기본 정보를 얻기 때문이다.

자신이 판단했을 때 '나는 기계치다'라 해도 기본적인 툴을 다루는 정도만 배워두면 홍보 활동에 도움이 된다. 온라인 마케팅은 대표적으로 블로그 마케팅을 들 수 있다.

내가 많이 사용하는 홍보 문구로 해시태그를 휴대폰 메모장에 저장해두고 인스타그램이나 블로그 기타 SNS에 글을 올릴 때마다 붙여 넣으면 된다. 이제 시작하는데 내 블로그가 검색될까? 라는 걱정보다는 마음의 여유를 갖고 일정 간격으로 꾸준히 올리면 된다.

네이버의 상위노출 알고리즘은 검색한 사람에게 얼마나 유용한 글인지에 따라 결정된다. 초보 블로거라도 그 글의 내용이 사용자에게 도움이 되는 즉, 낚시글로 해시태그만 엄청 붙여 놓는다고 해서 상위노출이 되지는 않는다.

> "
>
> 인플로언서가 되어야만
> 상담으로 이어진다는 편견을 버리자.
> 매일 글을 올려야만 한다는
> 부담을 버리고 일단 시작하자.
>
> "

영상을 많이 올린다고 반드시 조회 수가 많은 것이 아님을 알 수 있는 유튜브는 좋은 예가 된다. 마케팅의 핵심은 "키워드"다. 몇 년 전 네이버 플레이스에 사업장을 무료로 등록해두었더니 별도 업데이트를 자주 해 주지 않아도 사업장에 연결해 놓은 블로그를 통해 공부방을 둘러보고 올려둔 번호로 문의 전화가 온다. 네이버 검색창에 지역 공부방을 검색하거나 학교를 검색하면 걸어둔 해시태그로 자동으로 노출된다.

블로그 초보라 하더라도 또는 바빠서 블로그 관리를 잘하지 못한다 해도 사용자가 필요로 하는 글을 쓰기 위해 키워드를 조금만 생각해 본다면 홍보의 효과를 톡톡히 볼 수 있다.

네이버 플레이스 업체 무료 등록

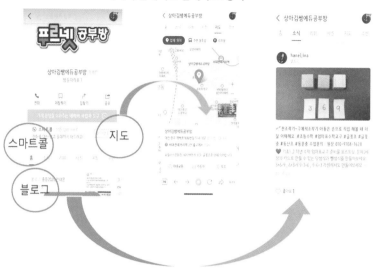

네이버 밴드 설정
-밴드이름 검색으로 설정

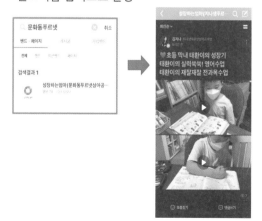

인스타그램이나 카카오스토리 등 내 공부방을 알릴 다양한 루트를 활용한다면 홍보에 들어가는 지출도 줄이고 내 공부방을 내 마음에 맞게 기록하는 좋은 기회도 된다.

그런데 주의할 점이 있다. 블로그가 노출되면 각종 블로그 제작 대행업체에서 상업적 전화가 올 수 있다. 그들도 사업이기에 불편해 말고 도움을 받아도 된다.

초기에 나 역시 몇 년의 계약 조건으로 상위노출 계약을 맺어보았지만 동네장사인 내 경우 도움이 되진 않았다. 그 뒤 내가 관리하니 지출은 줄었지만 효과는 크게 다르지 않다는 결론을 냈다. 섣부른 지출을 줄이고 알뜰하게 관리해보자.

나는 오랜만에 노트북을 들고 휴일 오전 글을 쓰려 스타벅스 매장 문을 열었다. 그곳엔 새롭게 들어온 굿즈가 한눈에 보이도록 전시되어 있다. 주문을 하지 않고 먼저 2층에 올라가 자리를 잡고 가벼운 손으로 카운터로 내려와 주문하는 게 무척 자연스럽다. 눈치 보지 않는다. 매장 컵에 얼음물을 달라고 해도 두말없이 내어주고, 카페라떼 벤티를 시켜 둘이 나누기 위해 머그를 달라하면 따뜻하게 데워진 머그를 쟁반에 올려준다. 고객이 요청할 때 머뭇거리지 않아도 된다. 고객은 마음편한 곳을 떠올리게 된다.

카페는 방문하는 사람들이 커피와 음료만 마시는 공간이 아니다. 고객들은 그들만의 특별함을 즐기며 글을 쓰고 밀린 업무를 보고 지인과 담소를 나누는 걸 즐긴다. 나 역시도 나만의 이유로 스타벅스를 찾는다. 내가 보기에 스타벅스는 끊임없이 변화하고 있고 꾸준히 무엇인가를 개발하고 있기 때문이다.

새 상품이 궁금하고 직접 만져보고 필요하거나 갖고 싶은 충동이 일면 구입하기도 한다. 그곳에 있으면 편안하고 재미있다. 스타벅스가 하지 않는 여섯 가지가 있다고 한다. 첫째 광고를 하지 않는다. 둘째 현금을 받지 않는다. 셋째 진동벨을 주지 않는다. 넷째 똑같은 매장을 만들지 않는다. 다섯째 프랜차이즈 형태로 확장하지 않는다. 여섯째 플라스틱 빨대를 사용하지 않는다. 나는 이 여섯 가지 중에 첫째와 셋째 이야기에 주목하게 된다.

굳이 기업 이미지나 상품을 광고하지 않아도 자유롭고 편안함이 자연스럽게 그곳을 찾게 한다. 그런 방법으로 스타벅스는 매체를 통한 광고를 하지 않아도 세계적인 기업이 되었다. 오늘도 나는 1층 카운터 가까운 테이블에서 음료를 기다렸다. "닉네임 김○○ 고객님 따뜻한 라떼그란데 준비되었습니다." 내 음료가 나왔다고 카페 파트너가 내 이름을 불렀다.

진동벨이 울리면 내 음료를 찾아가는 방식을 사용하지 않는 스타벅스는 잠깐의 틈이라도 고객을 직접 응대하고자 하는 따뜻한 마케팅은 1인 시대 비대면 시대를 사는 고객에게 충분히 어필한다. (스타벅스를 예로 드는 것은 비교적 대중적인 카페이기 때문에 글의 의도를 쉽게 공감할 수 있지 않을까 싶어서임을 명시한다.) 온라인에서 학생과 선생님이 만나고 AI수업 방식이 일반화되어가는 요즘 시대에도 우리 공부방 사업이 잘될 수밖에 없는 이유를 스타벅스의 마케팅 전략에서 찾을 수 있다. 고급마케팅은 아니지만, 그 안엔 고객의 입장에서 고객을 생각하는 따뜻함과 매장을 찾는 새로움이 있다는 것을 잊지 않으면 좋다.

<카카오맵 매장 무료등록과 카카오톡 채널>

고객관리

더 성장하는
공부방

학원장의 「용기」

공부방을 운영하면서 선생님은 용감해진다. 용감해지길 원한 적은 없지만 쇠를 녹이는 뜨거운 용광로에 수만 번을 담금질했다고 생각한다. 처음 공부방을 찾아온 학부모와 상담부터 갑자기 걸려오는 그만둔다는 전화까지….

학부모의 전화가 편해지는 날은 결코 오지 않을 것만 같다. 학부모의 전화가 편해지려면 완벽하게 공부방을 운영해야만 한다. 솔직히 가능한 일이 아니다. 그러니 내 나름의 '이 정도면 당당해'라는 목표를 세워놓고 공부방을 운영해야 한다.

예를 들면, 연간계획표, 월간계획표, 주간계획표 등을 꼼꼼히 만들어 스케줄대로 운영한다거나 아이들에게 공정한 수업을 하기 위해 목소리의 높낮이 수업방식의 일관성 등을 갖고 수업에 임한다거나 하는 것이다.

또한, 첫 상담 시 학부모에게 이러한 일종의 룰을 공지해 두는 것이 도움이 된다. 나는 베테랑이니 내게 맡기면 저절로 학생의 성적이 향상될 것이며, 학습 태도가 좋아질 것이라고 단언하면 안된다.

공부방에서 일어날 수 있는 갖가지 사건들에 대해 그냥 넘기지 말고 해당 학생의 학부모에게 알려 발생할 수 있는 섭섭함이나 오해는 미리미리 예방하는 것이 좋다. 수업에 에너지가 한 알도 남지 않았어도 퇴근길 전화 한 통으로 마음의 불편함을 덜어내면 좋다.

아주 작은 사건도 아이들의 전달 방법이나 학부모의 심리상황 등에 따라 눈덩이처럼 커질 수 있는 가능성이 있다는 것을 잊지 말아야 한다. 안 그래도 내 아이가 요즘 공부도 안 하고 놀기만 하는 것 같고, 공부하러 매일 가방을 메고 나가는 데 학교 성적이 안 좋았다면, 그리고 게다가 경제적인 여건마저 힘들다고 느껴질 때면 상황은 악화될 가능성이 있다.

학부모는 소비자이고 고객이기 때문에 충분히 당연한 일이라 생각해야 한다. 사전에 학생의 학습 태도나 학습 진행 그리고 크고 작은 사건 등에 대해 평소에 정기적으로 알리고 기록해 왔다면 갑작스런 휴회 통보는 충분히 예방할 수 있다.

그러면 휴회 통보에도 충격을 받지 않는다. 시시콜콜 자주 대화하는 것은 지양하며 정기적으로 날짜를 정해 5분 이내로 상담을 마무리 하면 적당하다. 문제가 발생해 전화를 받는 것에도 용기가 필요한 일이지만 평소 이런 일과를 적절히 수행하는 것 그 자체가 큰 용기이다. 나 자신을 움직일 용기가 가장 큰 용기이다.

내가 고객이 되어 보는 것

공부방을 운영하는 것은 매일이 정월 초하루인 듯 동네 입주민에게까지도 항상 친절하고 상냥하게 대해 민원이 들어오지 않도록 주의해야 하고 안티 팬이 없도록 낮은 자세로 공부방 사업을 해야 한다. 이와 함께 내 방식의 공부방을 운영해야 한다고도 생각한다.

민원이 들어오지 않도록 계단을 오르내리며 떨어진 쓰레기를 줍지만 누군가 내게 "네 공부방을 여기서 하니까 이렇게 쓰레기가 나온다"라고 눈살을 찌푸릴 때 나도 한마디 하면 어떨까? "죄송합니다. 주의시키겠습니다"라면서 머리만 숙이지 말고 "네, 오르내리다가 떨어진 것을 열심히 줍고 있습니다."라고 말이다.

나도 이곳에 관리비 내고 있는 당신과 같은 입주민이라고 말해주면 된다. 가끔 입주민들은 내가 그곳에 얹혀 공짜로 돈을 벌고 있다고 착각하는 느낌을 받기도 하니 말이다.

학부모가 갑자기 전화로 "다른 아이 앞에서 내 아이를 야단친 게 사실이냐, 그래서 내 아이 기분을 나쁘게 했냐"고 전화를 하면 이땐 내게 뭔가 트집을 잡아 이야기를 하려는 느낌을 받을 때가 있다. 이땐 내가 먼저 낮은 자세로 빨리 상황을 정리하거나 아니면 상황을 빠르게 이야기해준다.

하지만 이때 단호하고 간결한 어조로 말해야 한다. "의도는 아니었지만 아이가 속상했다는 것을 들으니 이해한다. 아이 말대로 야단친 것은 아니었고, 스스로 해 보려 하지 않고 겁을 먹었기 때문에 용기를 주기 위해 또한 자기 주도적으로 이해해 보도록 유도하기 위함이었으니 이해하기 바란다"라고 한다.

나 아니어도 아이를 맡길 곳은 있을 것이며 나 또한 당신처럼 분별없는 사람과는 상대하지 않겠다는 속상한 마음은 나중에 혼자 풀면 된다. 그리고 지나고 나서 생각하면 전혀 큰일도 아니다. 그러니 유연하게 내 할 말 살짝 하고 다시 열심히 일하면 된다. 우리 일은 무조건 허리를 낮춰야 하는 일이 아니다.

이것은 직업이란 생각을 늘 해야 한다. 그래야 공부방 하는 내내 평정심으로 일 할 수 있다. 수업이 우리 업무이니 업무 중 일을 퇴근 후 까지 끌고 오지 말자.

"스스로 바라지 않는 일, 편하지 않은 일을
용기 내서 거절하는 사이에
사람은 조금씩 '거절하는 일'에 익숙해지고,
점점 능숙해지며, 필요 없는 죄책감을 느끼는 일도 없어진다.
실제로 해보면 의외로 간단히 해낼 수 있는 법이다."

-스즈키 유스케 <나를 위해 거절합니다> 중에서 -

팬데믹 시대,
더 성장하는 공부방

코로나를 함께 겪어 가고 있는 공부방은 그야말로 전쟁터가 따로 없다. 확진자 수가 60만 명에 달한 시기엔 내 공부방 코로나 관련 결석 회원 수가 전체 회원 수의 1/3이 넘는 날이 반복되었다. 공부방마다 인근의 주력 학교가 있기 마련이다. 내가 운영하고 있는 동네에도 아파트 단지가 여러 곳 있고 주력 학교가 있다.

2019년 2월에 시작된 코로나는 한 달이면 한두 번 꾸준히 확진자가 발생하는 상황이 벌어지더니 3년이 지난 2022년 3월 현재 매일 60만 명을 훌쩍 넘는 날이 계속되고 있었다. 언제 끝날지 알 수 없는 상황이다.

하지만 그럼에도 우리는 일상을 살아가고 있고, 또 계속해서 살아가야만 한다. 코로나로 인해 위중증 환자가 많았던 시기와 위중증 환자 수의 비율보다 확진자 수가 월등히 많은 시기의 대처 또한 다를 수밖에 없었다.

2020년과 2021년에 공부방 회원은 단 한 명도 코로나 확진이 없었다. 회원 수가 많은데도 단 한 명의 확진 회원이 없었다는 것은 행운이었던 것 같다. 당시 학교에선 빈번히 확진과 관련된 알림 문자가 왔던 시기였다. 학교에 확진 학생이 발생하면 학부모 문자가 내게 먼저 도착했다. 학교에서 보낸 공지 문자를 그대로 보내왔다.

공부방 회원과 같은 반에서 나온 확진이 아닌 경우는 덜 긴장하고 수업을 해도 좋았다. 하지만 같은 학년에서 확진 학생이 나왔거나 특히 같은 반에서 확진 학생이 나온 경우 공부방은 비상상황이 되었다.

500미터가 넘는 긴 줄 사이에서 나도 PCR검사를 받았다. 같은 학년에서 나온 경우는 해당 학년이 많은 경우에만 해당 학년을 온라인수업으로 대체했고, 같은 반에 확진 학생이 있는 날은 공부방 수업을 하지 않고 전원 온라인이나 문제집 풀이로 대체하고 주말이나 평일을 통해 보강 수업을 진행했다.

덕분에 한 달이면 주말 보강 수업하는 날이 이삼일이었고, 시간에 되지 않아 보강에 못 오는 학생은 평일 여유 있는 일을 잡아 보강을 하다 보니 내 업무는

<○○중학교 코로나 확진관련안내>
금일(12.16)본교 학생 1명이 코로나19 검사 양성판정으로 확진되었습니다.
현재 역학조사중이며 금일 전 학년 14시 전에 귀가조치 하였습니다.
코로나19검사가 필요한 학생들은 개별적으로 연락이 되었습니다.
검사 후 결과가 나올 때까지 집에서 대기해주시고 결과가 나오는 대로 담임 및 학교로
연락주시기 바랍니다.
현재 학원 발 감염 확산이 많으니 학원, 과외 등 회부활동을 자제해 주시고 개인위생 철저 당부 드립니다.'

<금요일 발생한 학생에 따른 진단검사 결과, 현재 같은 반 학생 2명이 추가 확진되었습니다. 현재 보건당국에서 역학조사 진행 중입니다...>'

두 배로 늘어난 듯 했다. 무엇보다 내가 감염된다면 공부방을 2주간 쉬어야 하는 상황이 벌어지기 때문에 스스로 관리가 어느 때

보다도 필요한 시기였다. 내 문제만이 아니라 전체적으로 누가 언제 감염될지 모르는 상황이므로 공부방이 쉬는 2주간의 전후로 감염되어 쉬는 날이 한 달 이상 연속되는 학생의 경우 교육비를 되돌려주어야 하고 또한 장기간 쉬다 보면 휴회로 이어질 수 있는 상황이 될 수 있어 더욱 촘촘하고 체계적인 관리가 필요했다.

프랜차이즈 공부방을 운영하는 나는 지점에 출근해서 업무를 보거나 개인 일정을 본 후 바쁜 점심을 먹고 수업을 준비한다. 그런데 그 문자를 받았을 때 그 느낌이란, 멍함, 당황스러움 등등.. 복잡한 감정이 교차했다. 처음엔 많이 걱정도 되었다.

갑자기 학교측의 환자 발생과 동선이 겹치는 경우는 단축수업으로 전파를 차단했다. 이 경우 포스트 잍에 공부 분량을 상세히 적어 교재 맨 앞에 붙여주었다. 반드시 전체 문자로 학부모께 상황을 공지하고 공부분량 기록 사진을 첨부해 공부에 누수를 최대한 줄이도록 했다.

아직 끝날 줄 모르는 코로나 상황인 지금도 늘 긴장하며 지내는 건 마찬가지이지만 이젠 어떻게 대처해야 할지 알고 있고, 학부모님 역시도 학원을 안 보내겠다는 생각보다는 학원의 대처를 기다려 주시고 그에 따라 준다. 힘든 상황에서 함께 이겨내는 방법을 가르쳐준 것은 긍정적인 영향이라 생각한다.

초등학교와 중학교가 같이 있는 곳에서 중학교에 확진된 학생이 발생했던 경우가 생각난다. 나는 상황에 맞게 크게 동요하지 않는 방향으로 즉각적으로 공부방 공지를 알리고 대처했다.

물론 오미크론으로 수십만이 나오던 시기엔 나의 공부방 대부분 학생이 확진되기에 이르렀지만, 그 당시 많은 회원 수에 비해 어쩌면 이런 수고로움으로 공부방에 확진 학생의 발생이 없이 수업을 진행했었는지도 모른다.

같은 반 학생은 없었지만 초등학교에 다니는 동생이 다니는 경우가 있을 수 있다. 이 경우가 그랬다. 나는 일단 공부방 전체 문자로 사실을 알렸다. 가족 중 관련 사항이 있으시면 반드시 알려달라고.

그리고 중학교에 형이나 누나가 다니는 초등 부모님께 별도로 연락을 드렸다. 학부모가 보내준 문자를 첨부한 후 첫 번째 메시지를 보냈다. 그리고 추가적으로 선생님이 확진된 상황도 계속해서 공지했다. 그리고 그다음 주 첫 등교 일에는 더욱 신경을 쓸 수밖에 없었다.

한 학생은 같은 반에 다니는 누나가 있었다. 누나는 검사를 받은 상태이고 학교는 등교가 불가한 상태로 자가 격리로 들어가 있었다. 학부모님이 미리미리 말씀해 주셨더라면 더없이 좋겠지만 가족 사항을 꼼꼼히 미리 알아두고 교사가 선제적인 방역을 하는 것이 무엇보다 중요하다. 이 경우 나는 부모님께 양해를 구하고 일대일 화상수업을 진행하기로 결정했다.

'월요일이라 학교상황이 체크되지 않으니 오늘 추이를 보아야 할 듯합니다.
영어수업에 참석한 학생들이 주말상황을 하루는 보아야 할 듯합니다.
크게 걱정은 마시고 수업에 참석하셔도 될듯하지만, 이에 오늘 하루는 단축수업과 과제 로 진행됨을 양해 부탁드립니다.
최대한 안전한 공부방이 되도록 노력하겠습니다'

'맛있는 점심 드셨나요? 공부방입니다.
다름 아니라 ○○초 영어 방과 후 선생님이 확진되셨다고 합니다. 학교에서 방과 후 영어를 하신 학생의 경우, 학교권고 검사를 꼭 시행해주세요. 해당 영어 수업을 들었던 학생은 연락주시고, 저와 동화 후 등원하도록 하겠습니다. 연락주세요.
원장 김지나 드림'

초등학교 영어 방과 후 교사의 확진으로 방과 후 수업에 출석했던 학생이 확진 될 수 있었던 상황이었다. 공부방에 전파가 되지 않았다는 단언을 할 수 없어 교차 전파를 예방하기 위해 단축수업 후 과제로 진행했다.

카톡에 있는 페이스톡으로 얼굴을 보며 화상수업을 했다. 해당 날짜에 들어야할 인강을 듣게 지도 후 문제를 풀 동안 잠시 기다려 주거나 페이스톡을 중단하고 잠시 후 연결하여 답을 불러주고 함께 문제를 풀어가고 채점도 했다. 한 25분 정도는 페이스톡으로 하고 나머진 숙제를 내고 사진을 올리는 방법을 사용했다.

이 방법은 걱정했던 것보다 학생을 관리하는 데에 어려움이 적었다. 화면에 내가 풀어주는 해설이 보이도록 조정하고 틀린 문제를 꼼꼼히 설명하며 풀어주었다. 그리고 아이도 다시 풀어보게 하였다. 아이도 영상으로 하는 수업이 짧고 새로우니 집중도 잘했다.

선생님들마다 나와 같은 시간을 보내는 동안 각자의 노하우가 있을 것이다. 여기서 가장 중요한 것은 아이에게 선생님이 약속한 학습을 철저히 관리하는 것이라 생각한다. 화상으로 관리한 경우 이 부분을 캡처해서 학부모님께 카톡으로 공부한 내용과 분량 그리고 오고간 대화 내용을 알리는 것은 중요하다. 이것은 아이가 공부방에 출석하지 않았으니 공부를 하지 않았다는 아쉬움을 사전에 예방해야 하는 것이다.

이 학생의 경우 누나가 음성이라 학교엔 2주 격리였으나 학원은 자율 결정이어서 다른 학원은 등원을 하고 있었다. 나는 부모님께 주말을 끼고 3일 정도만 화상관리를 하겠다고 양해를 구했다.

다행히 그리고는 추석 연휴였으니 화상관리에 대한 부담도 적었다. 아이가 정상수업에 참여했을 땐 부족한 부분이 없었는지 살피고 며칠간 30분씩 보강 수업을 해주었다. 이 또한 평소 학부모님과 학생 그리고 교사가 신뢰를 쌓아 놓아야 가능한 일이었다. 매일 60만 명의 확진자가 나오는 지금의 상황에서 공부방 대처는 완전히 달라질 수밖에 없다.

사회적 거리두기의 완화와 그동안 견디어 온 결과 오미크론으로의 조금은 덜 위험한 형태로 변이된 코로나, 그러나 공부방에 3월이 되자마자 확진 관련 학생이 매일 발생하고 있다. 위 중증 확률이 줄은 데에 반해 전파력이 어마어마했고 방역과 역학조사가 불가능해질 만큼 확진자가 늘었다.

가족이 양성판정을 받았거나 짝꿍에게 감염되어 공부방에 오지 못하고 7일간 격리를 하는 학생이 회원의 1/3 가까이 되었다. 이전 과 동일한 방식의 공부방 방역 방법으로는 공부방을 쉬어야 하는 상황일 수도 있었다.

가족이 양성판정인 상황에서는 3일간 예후를 본 후 자가 키트 로 음성이 나올 경우 출석하게 해 정상수업을 하면서도 가능한 한 별도의 자리에서 수업을 진행하고 5일간은 교사가 회원 간의 접촉 을 살피고 교사 자신의 감염예방에 유의했다.

아이들의 건강과 공부방을 책임지는 나는 이틀에 한 번 규칙적 인 자가 키트 검사를 하고 확진 학생의 연락을 받은 당일에는 공 부방에 비치해 둔 자가 키트로 곧바로 코로나 검사를 했다. 매일 출근하자마자 한 번, 오후 4시엔 한 번. 성분이 안전한 방역 장비 를 구입해 공부방 전체 연무 소독을 실시했다. 업체에 한두 번 정 기적 점검을 받는 것도 안심이 되지 않는 상황이었다.

감염이 의심되는 증상을 보인 학생이 있는 경우 반드시 부모님 께 알리고 내가 검사한 결과지와 공부방 연무 소독 영상을 회원 전체 공지에 올려 함께 참여해달라고 동참을 호소했다.

전날 책상 앞에 앉아 일일이 문제를 손잡고 풀었던 학생이 확 진되어 스스로 의심스러운 경우엔 이비인후과를 방문해 전문가용 신속항원검사를 받았다.

코로나 순번을 기다리는 것 같다고 이야기하는 사람들이 많던 상황에서 원장인 내가 할 수 있는 그날그날 수업에 대한 원칙을 흔들리지 않고 최선을 다하는 것이었다. 코로나로 언제 어떤 상황이 발생할지 모르는 시기일수록 위기를 배움의 기회로 신뢰를 쌓는 기회로 만들면 좋겠다.

매일 수업 전 후
연무 소독으로 방역

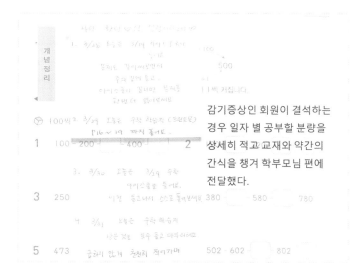

감기증상인 회원이 결석하는 경우 일자 별 공부할 분량을 상세히 적고 교재와 약간의 간식을 챙겨 학부모님 편에 전달했다.

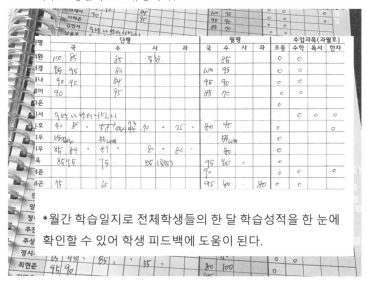

학부모 상담과 회원 관리에 유용한
〈일간수업일지〉와 〈월간학습일지〉

*매일 수업일지 기록은 다음 수업을 위한 기록임과 동시에 추후 학부모 상담자료로 유용하다.

*월간 학습일지로 전체학생들의 한 달 학습성적을 한 눈에 확인할 수 있어 학생 피드백에 도움이 된다.

상담

소통의 핵심은
기술이 아닌 진정성

소통

사람과 살면서 소통이 중요하다는 것은 누구나 알고 있다. 우리는 누구와 어떻게 소통하고 살아가야 할까? 공부방을 운영하면서 겪는 몇 가지 사례를 들어 소통에 대한 이야기를 해보려 한다. 소통은 '함께 뜻이 통해 오해가 없이 잘 통한다'는 말이다.

소통의 핵심은 '기술'이 아닌 '진정성'이다. 나는 공부방 전문기업에서 오랜 기간 강의하고 있다. 간혹 앞에 서서 말하는 입장에서 듣는 사람들과 눈을 마주치다 보면 강의 내내 팔짱을 끼고 '나도 다 해 봤다', '얼마나 재미있는 얘기를 하나 보자'하는 식으로 무뚝뚝하니 굳은 표정으로 교감이 이루어질 틈을 주지 않는 사람이 있다.

지금은 강의 중에 얼마든지 있을 수 있는 반응이라 여기지만, 처음 강의 일을 시작했을 때는 이런 사람들을 만나면 생각이 깊어졌다. 무시하고 신경 쓰지 않으면 될 것인데, 어떻게든 이런 사람들의 마음과 태도를 바꾸고 싶은 욕심과 괜한 승부 근성으로 내가 무엇이 문제인지 신경이 곤두섰다. 그러다 조금이라도 그 청중이 마음을 여는 것이 보이면 묘한 승리의 쾌감을 느끼며 자아도취에 빠지곤 했다.

그러나 시간이 흐르면서 나의 이러한 생각들이 오만임을 깨달았다. 상대의 마음이 다를 수 있는데 노력하는 나를 인정해주지 않는 것 같아 속상했던 것이다. 오만이고 독선이었다.

깨닫고 난 후 내 안의 욕심을 내려놓고 비우기 위해 노력했다. 시간 내에 전할 내용과 메시지에 집중하는 것도 중요하지만, 진정성 있는 소통이 훨씬 중요하다는 것을 깨달았다. 진실한 마음으로 가식과 위선을 버리고 솔직하게 다가가면 청중도 마음을 연다는 사실을 알게 되었다. 당장 그 자리에서는 아니더라도 시간이 흐른 후 교감을 할 때가 오는 것이다.

사소한 것의 중요함

인간관계를 위한 소통도 마찬가지다. 모든 사람들이 내게 긍정적이거나 호의적일 수는 없다. 내가 한 말과 행동에 대해 어떤 이는 감동을 받았을 수도 있지만, 어떤 이는 짜증을 낼 수도 있다. 어차피 모두를 만족시킬 수는 없는 법이다. 중요한 핵심은 '소통'은 기술과 기교가 아니라 진실과 진정성이다. 소통전문가의 말을 빌지 않아도 우리는 살면서 말이 통해야 함을 잘 알고 있다. 어려운 용어를 가져다 놓지 않아도 "말이 통한다는 것이 곧 소통이 된다"는 의미이다. 우리가 오늘 하루 만날 아이들 그리고 그 아이들의 부모님, 그리고 공부방으로 들어오는 길 만난 동네 상가 사장님들 그리고 아파트 경비님들이나 주민들과의 짧은 눈 맞춤까지 사소한 것부터 공부방 선생님의 이야기가 된다. 말씨가 된다. 어떤 말씨로 다가가는지에 따라 소통의 질은 달라진다. 15년을 아이들을 맡아 지도하고 있다고 방심하면 안 된다. 고객인 학부모는 언제든 등 돌릴 수 있다는 사실을 인정해야만 한다. 주변을 보면 200미터 안에 학원이나 공부방이 몇 개인지 세어보면 현실을 알게 된다.

학부모와 소통한다는 것

일상을 살아가는데 중요한 지혜중 하나가 바로 '소통'이 아닐까? 소통과 대화는 다르다. 소통을 위한 마음자세는 상대방과 다름을 인정하는 것이다. 인정할 때 진정한 소통이 이루어진다는 말이다. MZ세대, 3040 세대, 또는 5060 세대 등 모든 세대의 최고의 화두는 '소통'이라고 한다.

소통이란 단어가 중요하게 사용되는 영역은 점점 넓어지고 있다. 조직의 리더와 구성원들과 이해관계가 다른 조직이나 단체가 합의점을 끌어내려면 무엇보다 소통이 중요하다. 특히 우리의 고객이 되는 유, 초, 중 그리고 그들의 부모님 세대와 우리는 이 소통이란 무엇보다 중요하다.

내 생각을 상대방에게 전달하고자 한다면 우리는 상대방을 먼저 생각해야 한다. 우리 상대방은 학부모가 되기도 하고 아이들이 되기도 한다. 어느 순간 학부모와 서로 몰랐던 것보다 못한 관계가 되어 버릴 수 있다는 점을 우리는 안다.

선생님, 드릴 말씀이 있는데요…. 학부모의 이 문자 한 줄에 가슴이 철렁한다. 무슨 말일까? 무엇 때문일까? 빨리 이 문자의 의도를 파악하고 싶다. 이럴 땐 절대 긴장하면 안 된다. '어차피 학부모 마음은 정해진 상태다'라고 상황을 지켜보는 마음이 되어보는 게 좋다. 그리고 잠시 시간을 둔 후 연락을 하면 내 마음의 긴장도 불편했던 마음도 차분해진다. 그러면 대화도 되고 소통도 된다.

나는 최선을 다해 지도했는데 도대체 뭐가 불만이란 거야! 다 자기 아이 탓이지! 나니까 데리고 공부시키는 걸 왜 몰라! 이제 잘하니까 더 유명한 곳으로 데리고 간다고?

우리는 그동안의 여러 사례를 통해 직감적으로 그 까닭을 알아차린다. 그러니 뻔히 알고 있는 사실과 학부모가 문자를 보낸 이유를 아는 우리는 좀 더 마음을 내려놓고 차분히 학부모의 입장이 되어 생각해 보는 게 좋다. 딱 3분이면 충분하다.

그러면 더 나은 상담이 이루어지고 오히려 추가 과목도 지도할 기회가 생길 수 있다. 물론 휴회하기로 결정될 수도 있지만. 그래도 사이좋은 고객과 나의 관계는 다음에 다시 복회(공부방 재입회)로 이루어질 수도 있고 최소한 동네 안티 학부모가 생기는 일은 막을 수 있다.

그러니 소통은 내가 어떤 말로 이 상황을 모면하거나 해결하고자 머리를 쓰는 일보다 먼저 할 일은 상대방이 자신의 말을 어떻게 듣는지, 그리고 내가 상대방의 말을 어떻게 들을지, 어떤 마음과 자세로 들을지 생각해보는 것도 중요하다.

때로는 다음과 같은 부모교육자료를 활용하여 아이들과 학부모의 사이좋은 관계를 이끌어주는 것도 공부방 선생님의 역할 중 하나이다.

❝어떻게 내게 그럴 수 있어? 가 아니라,
고객은 언제나 그럴 수 있다❞

첫 번째, 상대방의 입장을 먼저 생각하라
두 번째, 똑같은 말이라고 이해가 같다는 생각은 접자
세 번째, 다름을 인정하라

<부모교육자료>

자존감과 교육 : 진정 자존감을 높이는 교육이란

우리가 분명히 생각해야 할 것은 '내 아이의 존귀함을 인정받게 하기 위해 두루 우수하고 성실하게 기르려는 마음'과 '존귀한 한 인간으로서 세상에 나와 선한 자기 역할을 하기 위해 우수하고 성실하게 기르려는 마음' 사이에는 차이가 있다는 것이다.

 자존감을 세워주려면 우선 아이를 있는 그대로 그냥 보아야 한다. 어린 아이가 양보심이 뛰어날 수 없고, 문제를 척척 풀 수 없으며, 잘하는 게 별로 없고, 실수투성이인 것은 어찌 보면 당연하다. 그런 것들에 민감해하지 않고 그냥 있는 그대로 따뜻하게 바라보며 조금씩 나아지도록 도움을 주는 것이 주변 어른들이 해야 하는 첫 번째 일이다.

@출처: 「책 읽는 아이의 놀라운 자존감」 저자 오여진

아이들과 친한 선생님

공부방 선생님은 아이들과 친해야 한다. 서로 믿고 불만이 없어야 학생들이 공부도 잘하게 된다. 선생님이 똑똑하다고 공부방에 회원이 많은 게 절대 아니다. 고만고만한 학생들에게는 친절한 선생님이 최고다.

현수막 20장을 제작해 동네에 자랑했더니
깜짝 놀라 걸려있는 현수막을 찍어
내게 보내주었다.

그런 선생님이 있는 공부방에는 회원이 많을 수밖에 없다.

오래된 아파트 작은 공부방이라고 가끔 무시당한다는 느낌을 받을 때도 있다. 인내심을 갖고 꾸준하게 움직이고 아이들을 열심히 가르치면 입소문이 난다.

너무 걱정하지 말자. 입소문은 많은 돈을 들인 1회용의 홍보보다 훨씬 더 탄탄한 홍보대사가 되어준다.

통하는 학부모 상담기법

상담은 공부방 사업을 하는 데에 기본이 된다. 고객과의 첫 만남이기 때문이다. 아이와 공부를 시작하기 전 나와 아이의 첫 만남이며 돈을 낼 소비자인 학부모에게 좋은 인상을 남겨야 하는 중요한 관문이다. 처음 내 공부방을 보게 되는 고객은 내 상담력 유무에 따라 돈을 지불할 마음을 갖고 나를 찾아온 것이다. 우리에겐 기회이다.

내가 아파트 문 앞에 전단지를 붙이고 게시판에 모집공고를 게시하고 학교 앞 시연회에서 아이들을 만난 결과로 전화문의가 온다. 네이버 플레이스 또는 인스타를 통해 공부방을 알게 된다. 이젠 대부분 학부모는 휴대폰으로 검색해 블로그를 보고 공부방을 살펴본 후 전화문의를 한다.

오전 9시 우리는 수업이 시작되진 않았지만 공부방을 오픈한 운영자로서 전화를 받아야 한다. 전화를 받을 때는 첫 마디에 정성이 실려야 한다. '기다려 주셔서 감사합니다 / 늦게 받아 죄송합니다 ○○공부방입니다.' 그 전화가 비록 공부방 방문의 전화가 아니라 할지라도 상관없다. 모르는 번호에서 걸려오면 분명히 확률이 있는 거니까.

네이버 플레이스를 통해 걸려온 전화는 '네이버가 연결해 드립니다'라는 멘트로 잠시 마음의 준비를 할 기회를 주기도 한다.

이동 중이건 자리에 앉아 있건 언제나 메모할 준비가 되어있어야 한다. 메모가 어려운 경우 통화내용을 스마트폰에 기억나는 대로 음성메모라도 해두어 바쁜 상황에서도 상담내용을 놓치지 않도록 해두면 좋다. 가능하면 항상 전화기 옆에 메모지와 필기구가 비치되어 있다면 좋다.

아이 이름을 정확히 기록하고 상담내용도 적어둔다. 상담내용에는 최근 학생의 특이 사항, 학부모가 통화하기 편리한 시간대, 학부모의견 등을 간략히 메모한다. 중요한 내용은 복창하고 상대방에게 확인하는 것은 내가 귀 기울여 듣고 있다는 표현이다.

전화를 끊을 때는 반드시 마무리 인사를 하고 상대방이 먼저 끊는 것을 확인하고 전화 상담을 마무리한다.

상 담 일		전화/방문	
학생성명		전화번호	
주　　소		소속학교	
상 담 내 용			

(상담기록지 예)

전화 상담은 되도록 짧아야 한다. 길어지면 전화 통화만으로 고객의 판단이 결정되어 내 공부방과 나를 보여 줄 기회를 고객도 나도 놓치게 된다. 아무리 상담 전화가 반갑다 하더라도 모든 상담을 전화로 설명하려는 성급함은 내려놓고 5분 이내로 전화를 마무리하길 권한다.

'어머님, 공부방으로 방문해 주시면 더 자세한 상담이 가능하십니다. 오셔서 공부방도 보시고 원장인 저도 보세요. 언제가 편하실까요?' 이 멘트는 꼭 기억하고 써보면 좋겠다. 반드시 공부방으로 고객의 발걸음을 유도할 수 있을 것이다.

전화 상담으로 공부방 방문이 이루어지게 되면 이제 우리는 3단계 상담 과정을 주도적으로 이끌 기회를 잡은 것이다.

> 방문상담 3단계 : 고객 맞이하기 → 상담 → 마무리

고객
맞이하기

먼저 학부모를 맞이하는 분위기가 매우 중요하다. 첫인상이 모든 것을 좌우한다. 이때 중요한 포인트는 시각적, 청각적 이미지를 관리하는 것이다. 학부모는 내 아이를 가르치는 사람이 나보다 나은 모습이길 바란다. 공부방에 첫 상담을 온 학부모는 가장 처음 선생님을 보고, 그다음엔 공부방 환경이 눈에 들어온다. 이것이 바로 첫인상 즉, 이미지이다. 교사에 대한 학부모의 첫인상을 좌우하는 세 가지 이미지, 청각적, 언어적, 시각적 이미지이다.

청각적 이미지는 교사다운 목소리(38%)이며, 언어적 이미지는 말솜씨(7%)이다. 또한, 시각적 이미지는 교사다운 복장(55%)이다. 즉, 교사다운 복장과 목소리가 첫인상의 93%를 차지한다.

내가 후배 교사를 대상으로 상담교육을 할 때도 늘 강조하는 말은 '상담에 자신이 없어도 괜찮다'라는 말이다. 상담은 연습을 통해 점차 나아지고 스스로 상담을 하다보면 자신만의 스타일이 만들어진다고 이야기해준다.

공부방 선생님에게 필요한 첫인상은 청각적 이미지와 시각적 이미지 즉, 교사다운 복장과 목소리이기 때문이다. 처음 만남에서 목소리는 조금 높고 맑으면 좋다. 누가 현관 벨을 누르더라도 '전화 주셨던 분이시죠?' '상담 오셨어요?'라고 톤을 높여 인사하는 것만으로도 연습이 된다.

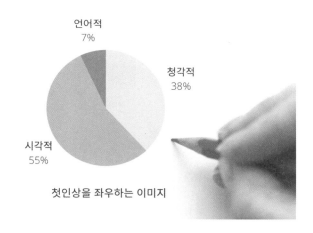

첫인상을 좌우하는 이미지

상담

상담은 고객의 용건을 처리하는 과정이다. 상담은 30초 안에 마음을 잡아야 한다. 이때는 상담환경이 중요한 요소이다. 상담실 분위기, 필기도구, 상담안내서, 책자 등 신규 회원 등록에 필요한 것들은 항상 제자리에 세팅이 되어있어야 한다. 본격 상담이 시작되면 선생님은 학부모의 이야기를 듣기 시작한다.

중요한 것은 문제 자체보다는 사람 즉, 학생에 관심을 가지기이다. 공감적 경청으로 집중하고 상담 후반부에 해결방안을 중심으로 대화를 이끈다. 상담 중에 대화는 촉진하되 해석이나 평가는 삼가며 열심히 듣기만 하지 말고 필요한 것은 기록하면서 다시 한번 학부모가 공부방에 바라는 것은 재차 짚어 질문을 통해 정리해 준다.

'아 이러 이러 하시다는 말씀이시죠?'라는 말로 상담 중 흐려질 수 있는 요지를 짚어준다. 눈 맞춤, 끄덕끄덕, 맞장구, 적절한 질문 등은 학부모에 공감의 표현이다. 들을 때는 약간 앞으로 몸을 기울인 자세 역시 공감하고 있음을 학부모가 더욱 느끼게 한다.

마무리

마지막으로 종결 단계이다. 상담의 마무리가 잘되어야 좋은 상담이다. 학부모에게 '오늘 상담 만족하셨어요?'라고 만족도를 확인하고 '의문사항이 있으면 언제든 문의해 주십시오'라는 멘트와 함께 감사인사로 마무리한다.

내 경우 공부방이 3층이므로 가능하면 학부모님과 함께 내려가 마무리 인사를 나눈다. 전단이나 블로그 등의 수고로 내게 걸려 온 전화 문의가 내 공부방 문을 두드리고 고객과 마주 앉을 때까지 전속력으로 달려온 상담이란 과정에서 빠져나와 편안한 분위기에서 인사를 나누면 긴장감이 낮아진 상태가 되고 생각나는 궁금증도 해결할 기회를 드리는 의미이기도 하다.

마지막 과정은 나를 믿고 소중한 아이를 맡겨 줄 고객에 대한 짧은 배려라고 생각한다. 계약으로 바로 이어지지 않는다 하더라도 이 과정은 좋은 인상을 주어 다음 계약의 씨앗이 된다.

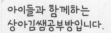

공부방연구소@**studylab_ib**

상담의 마무리 단계에서는 계약이 이루어지지 않았다 하더라도 공부방 밴드로 초대문자를 보낸다. 최선을 다해 상담을 하고 나면 선택은 고객의 몫이다.

원칙 있는
나만의 공부방

나는 원칙 있는 선생님인가?

공부방을 운영하는 데엔 그 무엇보다 공부방만의 색깔이 있어야 한다. 대상은 누구인지, 지도하는 과목은 무엇인지, 지도비가 얼마인지 등 이런 기본적인 테두리 안에 그 공부방만의 특징이 있어야 한다는 것이다.

내가 운영하는 공부방은 어떤 특징이 있는지, 또는 내가 만들고 싶은 공부방은 어떤 공부방이면 좋을지, 생각해보면 어떨까. 이를 통해 자신의 공부방의 현 상황과 앞으로의 개선점을 찾아보면 계기가 될 것이다.

공부방은 내 직장이라는 개념을 갖고 일해야 한다. 흔히 '공부방을 합니다.'라고 했을 때의 사람들의 선입견은 '음 살림하면서 재능을 살려 아이들 몇을 가르치는구나'라고 생각할 수 있다. 이 책을 읽는 당신이라면 내가 열정을 다하는 사업인 이 공부방을 사람들이 그저 취미나 소일거리 하는 정도로 생각하게 만들고 싶지는 않을 것이다.

처음 내가 공부방을 오픈했을 당시인 2008년. 지금의 공부방 공급량의 1/10 정도였다. 공부방 오픈에 관한 정보도 많아졌고, 공부방 사업에 뛰어든 기업도 많은 지금은 누구나 할 수 있는 그리고 하고 싶은 일이 되었다고 생각한다. 세상에 변한 것이니 '좀 더 일찍 시작했더라면'이라는 생각은 지우고 지금부터 어떻게 할 것인지를 생각하면 된다. 모든 일이 그런 것 같다. 내가 결심했고 하고 싶은 일이라면 그리고 신중하게 생각해 내린 결론이라면 지금이 바로 그때라는 것.

당시에도 수업 중 이불 빨래를 하거나 수업 중 틈틈이 집안일을 해가며 아이들을 지도하는 개인 공부방이 간혹 있었다. 회원이 매시간 있지 않고 가정에서 하는 공부방 운영에 대한 전문성이 아무래도 지금과는 많이 달랐던 것 같다. 물론 상담오신 학부모의 이야기로 들은 이야기이다. '어디를 가보니 애들 수업하는데 빨래를 널고 집안일을 하시더라구요' 이 말을 들은 사업 초기의 나겐 이것만은 절대 해서는 안 되는 일이라고 각인 되어 지금도 학부모의 이 말이 생생하다.

나는 내 개인 일을 보며 수업 시간을 보내지 않았다. 왜냐하면 여긴 내 직장이라고 생각했기 때문이다. 수업하는 시간 내내 따로 쉬는 시간을 둔 적도 없었다. 낮 11시 30분경 수업 전 점심을 먹고 나면 밤 9시든 10시든 나의 저녁밥 시간은 수업을 마친 이후였다. 간식을 먹는 경우는 중등 아이들의 중간, 기말고사가 다 끝난 이후 치킨과 피자를 먹으며 그간의 고생을 위로하고 다시 또 열심히 공부하자고 힘을 주는 하루를 제외하면 수업하는 종일 유일하게 허용하는 커피를 제외하고는 입에 무언가를 넣고 우물거리는 일은 절대 하지 않았다.

학부모와 학생들은 나의 고객이다. 고객에게 나를 파는 것이다. 그 고객들은 집에 가면 공부방에 관해 이야기할 것이다. 남편이나 우리도 직장 상사나 동료에 관해 퇴근 후 친구들과의 만남이나 식구들의 저녁 식탁에서 화제가 되는 것과 마찬가지다. 내 사업이 아이들 저녁 화제가 된다고 생각하면 수업 시간을 온전히 수업에 전념해야 한다는 생각을 더 다지게 된다. 틈틈이 공부방에서 이루어지는 수업 과정을 공부방 밴드나 블로그 그리고 학부모님들 카톡으로 아이 모습을 보내는 것이 나를 보여주는 판매행위이다. 고객은 나의 가치를 인정할 때 구매 의사가 생긴다.

공부방이 내 직장이라는 개념을 가져야만 한다는 말은 공부방 일을 나의 모든 것이라 생각하라는 말은 결코 아니다. 그러나 수익이 창출되는 곳이 어디인지 생각하고, 그곳이 내 공부방이라면 내 공부방이 잘되려면 어떻게 해야 할지를 늘 생각해야 한다.

내 공부방이 사업이라고 생각한다면 공부방 사업에 대한 확실한 신념을 갖고 일해야 한다. 단지 공부방이 투자에 비해 높은 수익을 얻을 수 있을 것이라는 막연한 기대만으로 시작한다면 나와 내 가족 그리고 가까운 주변까지도 부정적인 영향을 줄 수 있기 때문이다. 공부방을 운영하는 원장 중에 연봉 몇 억 대도 있지만 들여다보면 순수익이 그에 미치지 못하는 경우도 있을 뿐만 아니라 어떤 경우엔 자신의 용돈 정도만 수입이 되는 백만 원이 채 되지 않는 경우도 있을 수 있기 마련이다. 많고 적음이 중요한 것만은 아니다.

이는 어느 업종에서나 찾아볼 수 있는 결과이다. 자신이 공부방을 운영하는 목표가 그 정도라면 상관없겠지만 원하는 만큼 성과가 나오지 않는 경우 업종의 이동이나 새로운 공부방 업체를 고민해야 하는 상황이 있을 수 있다. 그 사이 심리적 문제나 예상치 못했던 문제 등이 동반된다면 부정적인 결과를 가져오게 된다. 하지만 공부방 사업에 대한 확실한 신념과 계획, 그리고 포기하지 않고 실천한다면 이 사업은 반드시 노력에 맞는 결과로 이어질 것임에 틀림없다. 이 신념에 대한 실천은 사업가 마인드에서 시작된다.

공부방은 사업이다. 아이들에게 공부를 가르치고 보람만 찾길 원한다면 모르지만 사업에 있어서의 중요한 목표는 수익이다. 수익이 유지되는 상황에서의 가르치는 보람은 그 무엇과도 비할 수 없는 희열이기 때문이다. 사업가 마인드로 공부방을 사업다운 사업으로 키우기 위해서는 광고, 즉 홍보를 해야 한다. 내용 중에 반복되어 나오는 말이지만 선택한 공부방별 수익구조가 다를 수 있지만 월 교육비에 대한 일정 비율을 매월 홍보비로 지출하는 원칙은 매우 중요하다. 그리고 운영하는 원장 자신이 성장하기 위해 노력하는 자세가 공부방 시장에서 살아남는 비결임을 기억하자.

여러분의 공부방 원칙을 적어보세요

1. ....

2. ....

3. ....

4. ....

5. ....

공부방 운영자의 마인드

공부방 사업은 교육 서비스 사업이다. 고객의 맞춤 관리가 어마어마하게 요구되는 사업이다. 그러므로 공부방 운영은 교육사업을 하고 있다는 고상한 착각에서 벗어나 나는 사업가라는 생각으로 약간의 전투력으로 무장해야 한다. 또한 순간의 판단력이 있으면서도 따뜻한 사업가이기도 하다.

공부방에서 벌어지는 상황에 빠르게 대처할 줄 알아야 한다. 공부방은 그 자체로 스펙터클 한 공간이기 때문이다. 수업 중에도 갑작스런 학부모의 요구사항에 반응해 주어야 하기도 하고, 아이들의 다툼에 중재도 해야 한다.

저학년인 경우 화장실 갈 타이밍을 놓쳐 실수하는 일도 있다. 그래서 공부방 선생님은 늘 준비되어 있어야 한다. 따뜻한 마음을 가진 선생님은 아이들과 그리고 학부모와 관계가 좋다.

항상 따뜻한 시선으로 바라봐주는 선생님을 아이들은 좋아한다. 학부모의 속상함에도 아이 편이 되어주는 선생님과 대화하고 나면 엄마의 마음은 다시 잘 해보자로 바뀐다.

공부방 선생님은 내게 공부하러 오는 아이들을 어쩔 수 없이 돈을 위해 가르쳐야 하는 대상으로 보지 않는다. 공부방 선생님은 어떻게든 공부를 좋아하게 만들어 주고 싶은 책임감으로 똘똘 뭉쳐진, 세상에 선한 영향력을 주는 좋은 사람이다.

이런 공부방 선생님의 마인드는 남들이 어떻게 생각하든 공부방 운영을 통해 최소한 경제적으로 남에게 처지지 않을 정도로 일이 되는 비결이다.

● 나의 공부방 운영 5가지 원칙 ●

1. 공부방은 내 직장이다
2. 목표를 설정하라
3. 어떤 마인드로 운영할지 결정하라
4. 역지사지하는 마음은 기본 중의 기본
5. 자기 자신을 세일링 하라

관심

공부방의 모든 것은
'관심'에서 출발한다.

아이들의 심리를 알면 수업이 즐겁다.

　15년간 공부방을 운영하면서 상담을 한 시간을 계산하면 수만 시간이 되지 않을까 싶다. 그만큼 상담은 공부방 운영의 핵심이다. "선생님 통화 가능하신가요?"라는 문자를 받는 일, 그것은 나와 아이에 관해 대화하고 싶다는 학부모 고객의 신호이다. 즉시 답을 해주어도 좋으나 나는 가능하면 오늘 몇 시 이후 가능한데 어머님 언제쯤 괜찮으실까요? 라고 시간을 벌어 둔다. 학부모도 시간을 드리면 다시 한번 생각할 기회가 생기고 나도 그 대화에 집중할 수 있다.

　어제 갑자기
　아이 공부에 대한 불안감이 들었다.
　회사에서 돌아와
　정신없이 가족들의 저녁을 차리고
　설거지를 마치기가 무섭게
　오늘 아이의 학원 교재를 좀 보아야겠다는 마음을 먹었다.
　교재가 부모 마음에 쏙 들 리가 없다.
　왜냐하면
　오늘 하루, 나는 너무 지쳤고
　아이 공부를 이대로 두어도 될까?

내가 아이의 길을 잘 이끌어주고 있는 걸까?

혹시라도 내 늦은 판단 때문에

내 아이가 시행착오를 겪는 것은 아니겠지

하는 불안한 생각이 들었기 때문이다.

-여느 학부모의 마음-

나도 그랬다. 성적이 오르지 않는 아들에 대한 불안함 때문에 엄한 과외 선생님을 닦달하고 싶은 충동이 한두 번이 아니었기 때문이다. 그래서 나는 학부모들의 마음을 너무도 잘 안다.

초등학생 때부터 공부 습관을 들여야 중학교 고등학교에 들어가도 공부를 잘 할 수 있을 거란 생각에 아이들에게 무엇이든 넣어주고 싶어 한다. 조바심 때문이다. 하지만 이런 경우 오히려 부정적인 효과가 날 수 있다.

초등학교 저학년까지는 부모가 만들어 준 스케줄대로 잘 움직여준다. 이게 맞는 경우 더 오래 그 행동을 지속시킬 수도 있다. 학원이나 공부방에 마음 맞는 친구가 있으면 공부와 관계없이 공부하러 가는 시간이 즐겁다. 발걸음이 가볍다. 그러니 공부방에 친구를 만들어줄 수 있으면 좋다. 간혹 친한 친구가 같이 공부방에 들어오는 경우 걱정하는 부모님의 문자를 받을 때가 있다.

"우리 ○○이랑 친한 ○○이가 공부방에 등록했다 하더라구요. 둘이 너무 장난치는 게 아닌지 걱정돼서요. 우리 ○○이 잘 부탁드립니다."

"네 어머님, 그래서 저도 신경 쓰고 있습니다. 아시듯이 공부방에선 공부만 합니다. 둘이 공부하는 모습을 보며 배우는 점도 있어요. 제가 잘 살피겠습니다. 저 아시죠? 어머님!"하고 안심시켜드린다. 선생님에 대한 신뢰가 우선되어야 하겠지만 어머님도 걱정이 되어 하신 말씀이니 당연히 나도 더 신경 써 살펴주어야 한다.

그렇지만 둘이 친구이고 학교가 아닌 공간에서 함께 공부하고 있다는 재미와 고양된 마음도 존중해주면 좋다. 그래야 둘이 오래오래 손잡고 즐겁게 공부한다.

어떤 가게를 갔을 때 내가 준 금액보다
내가 받은 것이 더 많을 때
계속해서 가고 단골이 됩니다.
내 단골을 만드는 방법은 간단합니다.
내가 받은 것보다 더 많이 주면 됩니다.
내가 조금 더 손해를 보면
그 사람은 나의 단골이 됩니다.

-이창현 울림 '단골' 중-

\<아이들이 공부를 싫어하게 되는 이유\>

외부에서 주어지는 각종 자극에 압도당하면 세상을 자유롭게 탐색할 의지를 아이들은 완전히 잃어버리게 됩니다.

너무 많은 자극을 받게 되면 아이들은 세상은 하기 싫은 공부만 해야 하는 힘들고 재미없는 곳이 되어 버립니다.

그 생각이 극에 달해 가장 친밀한 관계를 가져야 할 부모마저 거부하고 싶은 지경에 이르게 되기도 합니다.

아이들은 다 자신이 가지고 태어난 능력이 있습니다. 이 능력은 외부의 따뜻한 보살핌과 자극을 받아들이면서 점점 자라납니다.

식물을 키우는 영양소가 햇빛과 물이라면 아이들을 키우는 영양소는 첫 번째 부모와의 따뜻하고 지속적인 관계입니다. 그 속에서 얻는 정서적인 안정은 무엇과도 바꿀 수 없습니다.

두 번째는 적절하게 주어지는 지적 자극, 공부입니다. 하지만 이 지적 자극은 적당하게 주어져야 합니다. 소화할 수 없을 정도로 과하다면 영양소가 아니라 독소가 됩니다.

출처: 엠브레스 마인드

엄마들의 심리를 알면
그것이 바로 휴회 예방이다.

방학이 끝나갈 무렵 엄마들의 걱정이 시작된다.

> ❝ 너무 놀았는데
> 이러다 학교 가서 못 따라가면 어쩌나
> 방학도 끝나 가는데 우리 애만 이렇게 논거 아냐
> 애는 공부를 왜 이렇게 싫어하나! 누굴 닮은 거야
> 엉덩이를 붙이고 10분도 못 있으면 커서 어쩔 거야
> 똑바로 앉아서 필기를 하며 공부해야지
> 인강을 누워서 폰으로 보는 게 도무지 이해가 안 돼
> 집중도 잘못하고 산만한 것 같아
> 글자는 뭐라고 쓴 건지 알아볼 수가 없잖아
> 학교 가서 뭘 배운 거야, 선생님 말을 듣기는 하고 온 거야?
> 어디서부터 어떻게 다시 가르쳐야 하는 거야 ❞

학부모가 상담할 때 하는 걱정들이다. 이렇게 걱정이 되기 시작하면 학원에라도 보내야겠다고 생각한다. 그런데 아이가 가기에 적당한 학원은 어디이고, 학원에 가려면 좀 준비를 해서 보내야하는 것 같다. 그래서 집에서 뭔가를 해야겠다는 생각을 한다.

엄마는 그래서 아이를 붙잡고 앉아 '공부'라는 걸 시작해본다. 계획표도 짜보고 '공부'할 양도 정해본다. 처음 며칠은 계획대로 되어가는 듯싶고 아이도 생각보다 잘 따라주는 것 같다. 그러나 대부분 그것으로 끝난다. 만일 이런 일련의 과정이 한 달만 지속된다면 성공적이라고 할 수 있다.

그만큼 어려운 일이다. 아이는 아이대로 엄마는 엄마대로 마음이 상하고 만다. 가족 행사나 여행도 잦아서 그만큼 못한 분량을 미루다 보면 결국 포기하게 된다. 그래서 둘 다 마음이 상한 채로 공부방 문을 두드린다. 이런 모습 선생님들에겐 익숙하다. 누구의 잘못도 아닌 자연스러운 모습이다. 부모는 부모이기 때문이다.

엄마들의 입소문은 그리 빗나가는 법이 없다. 좋은 선생님 구별하는 법으로 공부방에서의 나의 모습을 비추어보자.

좋은 선생님이라는 말은 다시 말해 '우리 아이에게 좋은 선생님'이다. 내 아이에게 잘 맞는 선생님은 따로 있다.

좋은 선생님은 우리 아이가 꾸준히 편안히 안정적으로 공부할 수 있도록 이끌어주는 선생님이다.

내 경우 50분 수업에서 최소한 아이들에게 어제와 오늘 달라진 점이나 새로워진 점 등을 신경 써 표현하는 편이다. 아이들에게 관심이 있다면 자연스러운 일이고 다만 말로 표현을 하는지의 차이일 것이다.

문을 열고 들어오는 아이가 머리카락 길이가 달라진 것을 발견했을 때 그 즉시 "○○아, 너 머리 깎았구나. 너무 잘 어울린다!" 새 지우개 새 펜을 꺼내 들고 내 앞자리에 와서 첨삭을 받을 때도 "○○이 어제 문구점 다녀온 거야? 이 팬 처음 보는 건데!" "이 지우개 정말 잘 지워지는데 어디서 산거야?" 하며 한 명마다 한 번씩은 눈 맞춤하며 해맑은 눈빛을 교환하려고 한다. 수업 시간 50분 내내 열정적으로 수업하는 때는 열정으로, 수업내용 중 함께 공감하고 싶은 내용이 있다면 3분짜리 유튜브 영상을 보면서 수업내용과 연계하기도 한다.

공부방의 모든 것은 '관심'에 있다. 문제 몇 문제 푸는 것은 문제 푸는 기술을 습득시키는 것이라면, 관련된 영상은 아이들 기억에 오래 남고 각인되어 사고의 기술을 높여준다고 믿기 때문이다. 또는 재미있는 옛날 역사 이야기를 해주기도 한다. 그러면 수업 분위기가 환기되어 내일 또 와야지 하는 마음이 더불어 생긴다.

아이들이 아무리 인내심과 집중력이 뛰어나다 하더라도 공부는 앞으로 오래오래 꾸준히 할 수 있어야 하기 때문이다. 공부는 재미있어야 한다. 이때 더 높은 학습효과를 보여줄 수 있다.

좋은 선생님은 아이들이 좋아하는 선생님만이 아니라 선생님과 하는 수업이 아이 지식에 도움이 되는 선생님이다. 오늘뿐 아니라 내일도 수업에 가고 싶어야 한다.

그렇다면 원장님이 뽑는 좋은 강사는 어떤 강사일까. 내가 강사라면 내가 원하는 학원의 원장에게 채용되고 오래 내 커리어를 쌓을 수 있을까? 또는 내가 원장이라면 어떤 강사를 채용하면 될까를 생각해보자. 이를 통해 좀 더 큰 규모의 학원으로 키워 강사를 뽑을 때 참고하고 선생님으로서의 내 수준이 어느 위치에 있는지도 참고하자.

- 경력자인 경우 근무했던 학원은 어디인가?
- 각 학원에서 근무한 기간은 얼마나 되는가?
- 자신이 수업할 교과를 지도해본 경험/경력은 얼마나 되었는가?
- 수업 대상과 수업교재는 무엇이었는가?
- 수업방식은 어떠했는가? 그리고 수업 반응은 어떠했는가?

　학원이나 교습소를 운영하면서 알바 강사를 뽑는 일은 가장 스트레스가 아닐 수 없다고 한다. 유학생과 카이스트 재학생을 강사로 채용한다 해도 계약기간과 관계없이 이런저런 핑계를 대고 갑자기 그만둘 수 있다. 저마다 사정이 있겠지 하고 새로운 강사를 구하느라 진땀을 빼는 쪽은 언제나 원장이기 때문이다.

　강사를 채용하기 전까지 업무는 과중해지고 학원모들에게 강사가 자주 바뀌는 점을 그때마다 양해를 구해야 하는 점은 원장에게 큰 스트레스가 된다. 이상의 질문들은 강사를 뽑을 때 궁금해 할 만 한 몇 가지 질문들이다.

　그러나 강사 채용에서 무엇보다 중요한 것은 원장의 입장에선 좋은 강사를 뽑는 것도 중요하지만 꾸준하게 학원을 안정적으로 운영하는 데 도움이 될 수 있는 사람이 필요하다.

　학원의 특성에 맞는 강사를 구하는 일이 얼마나 힘든 일인지 안다면 고학력에 짱짱한 이력보다는 경험이 충분하고 수업 중 다룰 수준의 문제들을 해결할 수 있는지를 보면 된다. 또한 수업 중 발생할 수 있는 예기치 못한 사건에 대해 유연하게 대처할 수 있는지를 보는 게 중요하다.

경험이 부족하고 다소 실력이 부족하다 하더라도 성실함이 있다면 처음엔 낮은 수준의 수업을 맡겨 얼마간의 시간을 두고 원장이 가르쳐 지도할 역량을 키워주는 방법도 있다.

< 공부하며 아이에게 하면 안 되는 말 >

비난하기

"너 이걸 왜 몰라?"

"몇 번을 설명해야 알아들어?"

지지하는 말로 바꿔주세요

"여러 번 해도 어려울 수 있어"

"다른 방법으로 알아 가보자~" "할 수 있어, 도와줄게"

평가하기

"오늘은 백 점 못 맞았네"

"다 맞아서 잘했어"

과정을 중요시하는 말로 바꿔주세요

"어제보다 오늘 더 집중을 잘하네"

"어제는 2개 실수했는데 오늘은 하나로 줄었네"

"바른 자세로 더 오래 앉아있네"

비교하기

"이거 다른 애들은 다 하는데"

"너 친구 OO는 이거 할 줄 알지?'

아이 존재에 초점을 두는 말로 바꿔주세요

"너는 모르는 것도 여러 번 설명을 들어서 알아내네!"

"하기 싫은데도 끝까지 해냈어"

출처-네이버 포스트 부모i

선생님을 보고 배우는 아이들,
"얘들아, 나는 너희 편이야"

"나도 공부방 선생님 하고 싶어요"언젠가 학부모로부터 걸려온 전화의 첫 마디이다. 아이가 나중에 되고 싶은 꿈이 공부방 선생님이라니 엄마가 깜짝 놀라 전화를 주셨다. 내 아이가 자라서 좀 더 멋진 직업을 가진 사람이 되었으면 하는 부모님 입장에서 공부방 선생님이 되는 것이 꿈이라고 했으니 놀라셨을 것 같았다.

내가 수업하는 모습이 아이에게 좋은 모습으로 비추어졌다니 나에게는 그 이상 좋은 칭찬이 없을 것 같았다. 아이들을 매일 만나고 상호작용을 하는 선생님은 아이들 앞에서 연예인이 되어도 좋다고 생각한다. 매일 같은 옷을 입고 같은 헤어스타일을 하기보단 가끔 하늘하늘 원피스를 입고 예쁜 구두를 신고 또각또각 걸어보자. 머리엔 반짝이는 포인트 핀으로 아이들 시선을 끌어보아도 좋다.

아이들은 선생님의 변신에 관심이 많다. 학교 선생님이나 엄마에게서 받는 느낌과는 다른, 이모 같고 삼촌 같은 학원 선생님의 작은 변화에 아이들은 반응한다. 그리고 학원 분위기도 왠지 모르게 밝아 보인다. 이렇게 외적인 모습뿐 아니라 평상시 선생님의 말투와 마음 씀씀이는 학교나 다른 학원 그리고 어제 집에서 있었을 수 있는 사소한 듯 사소하지만은 않은 크고 작은 걱정거리로부터 열 살 아이들의 마음에 위로가 된다.

"선생님, 학교에서 시험을 보았는데요. 이런 문제가 나와서 저는 못 풀었어요." 이때 "왜 못 풀었어. 선생님이 안 풀어준 문제가 없는데 왜 그랬니."라는 말이 나오려 한다. 한 번만 생각하자. 내가 아이 입장이 되어보면 된다. 우선 아이와 눈을 마주친다. 그리고 내 두 손으로 아이의 두 손을 부드럽고 따뜻하게 잡는다. 그리고는 이렇게 말한다. " 어 정말? 그랬구나. 이 문제가 어려웠구나. 앉아봐, 선생님하고 같이 모르는 문제 풀어보면 돼. 너무 걱정하지 마 " 할 수 있다. 시간이 없어도 아무리 바빠도 해야 한다. 나를 보러 내게 이 말을 하러 공부방에 달려와 준 아이다.

당연히 열 번도 더 풀어준 문제였을 것이다. 방학 예습 수업에서 학기 중 단원 별 수업에서 그리고 단원평가, 월말 평가, 복습 문제 풀이에서도…. 그렇지만 이런 말을 해 본들 달라지는 일은 없다. 시간 낭비이며 아이 마음은 또 속상해진다. 선생님마저 내 편이 아니라고 느낀다. 그러므로 선생님은 아이 말에 어떤 반응을 해야 긍정적인 효과를 줄 지를 생각하는 습관을 들여야 한다. 그리고는 시험지에 하나하나 포스트잇을 붙여가며 풀어준다. 나는 시험지에 직접 풀이하기보다는 포스트잇을 많이 활용한다. 포스트잇을 활용하면 문제를 건드리지 않아 다음에 아이가 다시 풀어 볼 때 보기 좋다. 학부모 입장에선 선생님이 하나하나 오답을 도와주었다는 것을 한눈에 볼 수 있어 신뢰감과 만족감을 높이는 데 효과적이다.

이런 자상한 모습에서 아이는 공부방 선생님이 내 편이라는 생각을 한 번 더 굳히게 된다. 아이는 늘 선생님을 바라보고 있다. 내가 아이들의 공부나 심리상태에 관심을 갖고 있듯 공부방에 입실해 함께하고 있는 아이들도 내 기분을 살피고 내 반응에 민감하다. 좋은 표정으로 따뜻한 선생님이 되었으면 좋겠다. 선생님이 아이들 편이 되어주면 아이는 공부방의 아이로 잘 자라준다.

〈분기별 공부방 체크리스트〉

■ 1분기 (12월~2월)

- 12월 새 학년 1학기 예습 - 회원에 따른 진도 시작
  - 성향이나 이해 수준에 따라 다를 수 있지만 진도가 늦는 회원 기준으로 2학기 교재 완료를 우선으로 해야 함. 12월은 한 학년의 마무리. 시험 진도에 맞춰 진행하다 보면 살피지 못한 교재 부분이 덩그러니 남는 경우가 있음.
  - 한 학년 교재를 잘 마무리해 주는 것은 선생님과 애써 공부했던 흔적이 담긴 완료된 교재를 받는 것만으로도 회원에게 성취감을 줄 수 있고 이제 새 학년을 시작하는 마음을 갖게 함.
  - 가능하면 모든 회원의 예습교재 시작 시점은 밀린 교재를 마친 날로 잡음.
- 예비 중등 전 과목 3개월 특강 시작
  - 1월 1학기 예습에 비중을 키워 2월 2주까지 예습교재 완료

- 2월 2~4주차 예습 진도와 병행
- 3월 진단평가 시험 대비 (직전 학년 2학기 과정을 중심으로 전 단원 복습 진행, 수학 중심으로 전 과목 복습)
- 진단평가는 학년이 올라가 처음 치루는 시험임. 방학이 끝나고 학년이 시작되어 긴장되고 어수선한 상황에서 학부모는 챙기지 못한 아쉬움이 가장 크게 남는 시험이기도 함
- 공부방에서 미리 챙기고 있음을 2월 중 공지하여 2월 공부방 수 업의 중요성을 강조함. 비교적 짧은 2월의 수업일수에 민감한 학 부모의 심리를 안정시켜주는 전략이기도 함.
- 기타 신경 쓸 일
- 1월 공부방 체험 학습 (놀이공원)
- 2월 사업장 현황 신고 (2월 10일 마감)
- 1월~2월 신규상담으로 1년 회원 유치

■ **2분기 (3월~5월)**

- 3월 새 학기 시작
- 입학
- 진단평가시험
- 학부모총회와 학부모 학교 담임 상담
- 3월4주차~4월 말 (9월 동일) 중간고사 준비
- 중등 시험 대비 보충 시간표 계획

- 5월 중간고사 결과상담

• 시험 진도 학습

■ **3분기 (6월~8월)**

- 6월1주차~4주차 기말고사 시험 준비 및 보충 시간표 계획

- 기말고사결과상담

- 7월~8월 기말고사 이후 단원부터 학습 시작

• 2학기 예습 (7, 8월)

• 2학기 예습 전 1~2주간 1학기 교과 복습으로 사전지식을 탄
  탄하게 하며 학생들의 자신감을 주어 2학기 예습에 효과적.

• 여름나기 방학 이벤트 (워터파크)

■ **4분기 (9월~11월)**

- 9월 : 2학기 중간고사 준비

- 10월 : 2학기 중간고사 준비와 11월 기말고사준비

- 11월 : 2학기 마무리 학습과 겨울방학 특강 및 예비 중등
          전환 작업

좋은 선생님이 좋은 학원을 만든다.
-예측 가능한 교사가 믿을 수 있는 교사다-

공부방을 오픈하고 초심을 잃기 쉬운 것 중 하나가 스케줄 운영이다. 연간, 학기, 월, 주간, 일간 스케줄은 촘촘할수록 좋다. 자신만의 스케줄을 만들어 수업하기를 몇 해 동안 반복하는 과정을 통해 자연스럽게 몸에 배게 된다.

그러다 보면 학교에서 예고 없이 시행되는 학년별 평가 또는 예고는 했지만 전달이 되지 않아 준비해 주지 못한 학급별 단원평가와 같은 상황이 발생하더라도 수업 중 대처 능력이 길러져 어떤 상황에서도 유연하게 대처하며 정상적인 수업을 운영할 수 있게 된다. 또한 이러한 스케줄관리는 공부방 선생님을 예측 가능한 교사로 인식하게 만들어 회원과 학부모에게 신뢰를 줄 수 있다.

아이들을 가르치는 일에 하루를 정신없이 보내고 나면, 나는 지쳤지만 그래도 아쉬움이 있다. 더 꼼꼼히 가르쳐야 하는데 오늘은 내가 아이들에게 하고 싶은 만큼 해주지 못했다는 아쉬움이다. 그러나 내일 아침이 되면 다시 반복되는 일상에 또 달리기 출발선에 서 있는 나를 본다. 미국 애리조나대학교 심리마케팅학과 교수이자 '설득의 심리학' 저자 로버트 치알디니 (Rovert Cialdini)는 사람의 행동과 습관을 바꾸려면 if-then-when 전략을 사용하라고 말한다. 특히나 우리 일상이 이렇게 결심하고 포기하는 생활이 반복된다면 더욱 그렇다. 반복하고 반복하다 보면 습관이 된다는 말이다. 이때 실천을 위해 선행되어야 하는 과정이 있다. 처음 계획했던 목표가 1개 있다면 이 목표를 3가지로 잘게 나누는 것이다. 이것을 가능하면 10개로 더 잘게 나누고 가지치기를 해두는 것이다. 이때 브레인스토밍에서 마인드맵을 활용하듯 해보면 처음엔 막막했던 일이 가능한 일이 되어있다.

'내가 책을 쓰는 일도 그랬던 것 같다. 처음에 내가 공부방을 운영하며 생각하는 것들을 반 페이지로 정리해 보자' 시작했던 일이었다. 이 일을 하고 10년이 지난 즈음부터 하고 싶었던 일이었지만 엄두가 나지 않아서였다. 그런데 지금은 300페이지 가까운 글의 오탈자를 점검하고 편집하고 있는 나를 발견한다. 결과는 점점 하나로 모이고 할 수 있는 일이 된다.

이렇게 내가 계획한 결과의 가지치기 가장 마지막에 적힌 내 눈에 뜨인 쉬운 일이 있을 것이다. 내가 지금 당장 실행에 옮길 수 있는 일이다. 그것부터 하나하나 시작하자. 내가 돈이 부족하다면 돈이 적게 들거나 아예 들지 않는 일부터 하면 된다.

내가 생각하는 힘이 부족하다면 유튜브를 찾거나 서점으로 당장 달려가자. 내 눈에 들어오는 제목이 보일 것이다. 그걸 들고 나오면 된다. 그 순간 당신은 시작한 것이다. 용기만 내면 된다. '그게 힘들지'라고 말하고 있다면 그걸 떨치는 지금이 바로 시작이 된다. 수업을 위한 스케줄을 만드는 일은 반드시 처음부터 촘촘할 필요는 없다. 처음엔 일 년간의 내 공부방 과정을 큰 도화지에 그려보자.

〈내가 생각하는 공부방 운영자가 가져야 할 마인드〉

1. 자신을 믿어라

공부방사업에 대한 반드시 성공할 수 있다는 확실한 신념이 성공으로 이어진다.

2. 돈을 써라

돈은 써봐야 쓰는 사람 심정을 이해해 학부모가 낸 돈을 아깝지 않게 수업해야겠다는 마음을 잊지 않는다. 또 돈을 써서 좋은 서비스를 받아보아야 나도 그런 서비스를 고객에게 전할 수 있게 된다.

운영비 예산도 일정하게 정해 공부방에 투자해야 한다. 남는 돈이 생기면 그 돈으로 무얼 더 챙길지 아이들 간식비로 더 쓸지 공부방 등을 교체할지 등을 생각해 남김없이 투자해야 한다. 초기에 지출이 수입을 초과할 수도 있지만 한 회원 당 월 교육비가 15만 원이라면 월 운영비 예산 20만 원 이상을, 25만 원이라면 예산 30만 원 이상을 지출한다는 사업가 마인드로 돈을 써라. 회원이 늘면 점차 늘려가도록 한다.

3. 내가 성장할 필요조건을 주변에 구성하라

멘토 : 나와 같은 일을 하는 업계 최고 수준의 선후배

끈기 : 3년은 해보자. 회원 관리와 수업력을 기르는 데에

노력을 기울인 3년이었다면 3년이면 당신의 수입이 분명히 달라져 있을 것이다.

포부 : 나를 브랜딩 하겠다는 꿈을 가져라.

자신을 브랜딩할 수 있는 만큼 성장하겠다는 것은 실현가능한 꿈이다.

4. 자기 확신은 생존본능

'나는 전문가'라는 자기 확신은 자신을 응원하는 버팀목이 된다. 우후죽순 생겨나는 주변 공부방을 보면서 그냥 손 놓고 있지 않을 것이다.

우리 아이에 맞는
좋은 학원 구별법

앞서 나의 공부방 운영 원칙 5가지에서 나는 역지사지하는 마음이 가장 기본이라고 해두었다. 좋은 학원이 어떤 학원일까 생각해보면 그 또한 원칙처럼 내가 학원을 선택하는 학부모의 입장이 되고, 내가 그 학원이 되어보는 것이 학원 성공의 포인트가 된다.[1]

내가 좋은 학원을 구별하는 기준이 곧 나의 공부방이 지향하는 기준이 되어줄 것이기 때문이다.

앞서 좋은 강사를 구별하는 법으로 나를 비추어 보았다면 이번에는 좋은 학원 구별하는 법을 통해 내 학원(공부방)을 바라보는 계기가 되면 좋겠다. 대형 학원(중심지 1타 학원)은 시스템이 있고 시스템에 따라 강의와 관리가 이루어지므로 강사의 수준에 큰 차이가 없다. 1타 강사가 아니더라도 3년 이상의 강의경력으로 어느 정도 강의력도 갖춘 강사가 수두룩하다.

그러나 학생 수가 많고 그만큼 꽉 찬 강의 시간으로 일대일 관리는 거의 어려운 구조라고 볼 수 있다. 선생님의 수업에 어느 정도 따라갈 수 있는 기본기 이상의 실력이 준비된 학생의 경우 효과적인 유형이다.

내 아이가 다녔던 영어 학원의 경우를 보니 서울에서 내려와 수업하는 전국구 1타 강사에겐 관리하는 조교가 붙는다. 채점이나 재시 등 학생의 수업 관리가 조교의 일이었다. 그만큼 일대일 관리가 어려운 상황이지만 운이 좋아 맡고 있는 아이들에 대한 시간을 내는 강사를 만날 수 있다면 좋은 학원을 찾았다고 볼 수 있다.

중소학원(단과학원, 상과나 아파트형 교습소)은 운영의 방향에 따라 다를 수 있다. 영재고 입시반, 자사고반, 특목고반등 입시 대비를 메인으로 내걸고 운영하기도 한다. 이런 학원의 경우 학생을

---

1) 우리 아이에게 딱 맞는 좋은 학원구별법은 좋은 학원, 좋은 선생님을 구별하는 방법 : 마르쿠스 쌤 수학 블로그를 참조함.

특정 학교 진학이 목표인 학생에겐 목적에 맞게 관리해 준다는 장점이 있다. 또한 지역 내신에 충실하게 특화된 수업이 진행되는 학원도 있다.

학생이 중·하위권인 경우 상위권을 목표로 공부하기에 좋다. 내신 위주의 반은 일반 강사가 담당하는 편이다. 강사들의 강의력에는 대형학원에 비해 다소 차이가 나거나 관리력에 차이가 날 수 있다. 관리를 잘해주는 학생에 맞는 선생님을 만나면 수업을 진행하더라도 놓치고 올라온 이전 학년 내용까지 체크해 보충이 가능해 결손 되었던 부분을 탄탄히 할 수 있는 장점이 있다.

자기주도가 어려운 학생이더라도 관리력이 좋은 선생님을 만났다면 대형학원보다 좋은 학습효과를 기대할 수 있다. 중소학원의 경우 관리력이 좋은 선생님을 만났을 때 기대되는 효과가 있는 반면, 관리력이 조금 떨어지거나 경험이 적은 선생님을 만나는 경우가 문제가 될 수 있다. 공부방도 마찬가지다.

학생 하나하나를 그에 맞게 관리하다 보면 학원 운영에서 강사의 판단과 결정이 시스템의 비중보다 수업의 방향을 결정하는 경우가 있을 수 있기 때문이다. 이 경우 학원 결정의 중요한 요건은 바로 학원장의 운영방식과 입소문이다.

제 3 장

과목별 지도 레시피

국어
지도 팁

서술형 문제를 이기는 법 :
지문 속 키워드 찾아라.

국어 교과를 가르치다 보면 문제마다 듬성듬성 공란이 있을 때가 많다. 그 문제들 대부분은 서술형 문제이다. 이런 문제는 어떻게 풀까? 이럴 땐 '글쓴이의 마음을 생각하며 써보자. 그리고 글에 나온 사건을 내 경험에 비추어 적어보자'라고 하면서 아직 준비가 덜 된 학생이 이런 문제를 거부감 없이 풀 수 있게 되기까지는 여러 번의 노력을 기울여주어야 한다. 무엇보다 연습이 필요하다.

국어 수업을 하면서 가장 지도하기 어려운 부분은 아이들에게 서술형 문제에 대한 저항감을 줄여 쉽게 자신감을 가지고 도전할 수 있게 만드느냐에 있다.

서술형 문제를 문장제로 답안을 작성하는 방법은 첫째, 글안에서 답을 찾는 연습과 중심 문장을 찾는 연습을 꾸준히 한다. 둘째, 이 방법을 통해 문장 간추리는 연습이 핵심이다.

국어나 수학 영어 문제는 독해력이 뒷받침될 때 정확한 출제자 의도를 파악하고 그에 따라 답안지를 작성할 수 있다. 선생님은 이미 이 원리를 잘 알고 있으니 선생님의 역할은 아이들을 지속적으로 독려해주는 것이다. 선생님이 포기하면 아이들은 문장형 서술 문제는 건너뛰고 별표를 쳐서 빈칸으로 두는 보너스 문제가 되어 버린다. 도전해보도록 지문에 동그라미를 그려주고 밑줄을 쳐주며 쉬운 말로 유도하자. 처음에는 10글자 이내로 점점 20~30글자로 말을 함께 만들고 "그래, ㅇㅇ아 네가 답을 만들었네! 이걸 그대로 답에 적어보자." 이렇게 독려해보자.

정 싫어하고 거부하면 해설지를 살짝 내밀어주어도 괜찮다. 그리고 그마저도 쓰기 힘들어할 때 그곳에도 요약하여 밑줄을 그려주자. '이것만 써보자'라고 유도하자. '선생님이 나를 절대 포기 하지 않는구나'라고 느끼면 아이들도 분명 거부하는 횟수가 줄고 언젠가는 한 문장을 만들어 써볼 수 있게 된다. 칭찬은 결국 우리 아이들에게 성취감을 주는 매개체이다.

문맥을 유추하는 힘이 수능까지 간다.

수업을 하다보면 시험은 잘 보지만 당연히 알고 있을 줄 알고 넘어갈 만한 단어를 모르는 경우가 있다. 이런 경우 선생님은 단 한 문장으로 아이가 "아하" 하며 바로 이해하고 문맥을 통해 단어 뜻을 유추해 갈 수 있게 해주는 역할을 해주면 좋다.

그리고 여기에 좀 더 시간이 된다면 그리고 가능하다면 공부방에 언제든 아이들이 궁금한 단어를 찾아볼 수 있도록 국어사전 한 권은 꼭 비치해둔다. 손 잘 가는 눈에 잘 띄는 바로 그곳에 언제나 검색이 수월하도록 탭북 하나 정도는 비치하는 것도 팁이다.

아이들의 국어 실력이 쑥쑥 올라가는 비법은 낱말의 뜻을 짐작하며 읽기를 유도하는 것이다. 낱말의 뜻을 짐작하며 읽어야 하는 까닭은 다음과 같다. 먼저 낱말의 뜻을 제대로 이해하지 못하면 글을 제대로 이해할 수 없다. 둘째, 글을 읽으면서 모르는 낱말이 나올 때마다 사전을 찾아볼 수 없다. 셋째, 이렇게 낱말의 뜻을 짐작하며 읽으면 어휘력이 향상된다. 모르는 낱말이 나오더라도 앞뒤 문맥을 통해 내용을 이해하는 데에 도움이 된다.

본문에서 찾은 증거가 문장일 때는 밑줄을 긋고 그림일 때는 해당 부분에 동그라미를 치고 각각 번호를 매긴다.

중심 문장과 뒷받침 문장
- 대체로 중심문장은 문단의 첫 번째 문장이 아니라, 문단의 키워드(중심단어)가 들어간 문장이다.
- 포함 하는 말과 포함되는 말을 알아보면 금방 이해가 된다.
- 다음에서 포함 하는 말을 찾아보자
  - 사과 딸기 과일 수박 멜론
  - 정답은 과일이다. 이 과일이 바로 키워드이다.
- 키워드 찾기 활동 : 마인드맵으로 찾기

**중심 문장은 보통 문단의 첫 문장이 되지만
모두 그런 것은 아니다.**

- 논설문이나 설명문의 경우 마지막 문단에서는 특히 첫 문장보다는 가운데 또는 마지막 문장에 있는 경우가 꽤 많다.
- "아이들에게 첫 문장에 있다"라고 말하지 않도록 주의하자.
- 글 안에서 답을 찾기 〈지문에서 증거 찾기〉
- 중심 문장을 찾았다면 글 전체의 중심 생각을 찾아보자.
- 중심 생각은 글 전체에 드러난 글쓴이의 의도, 생각이다.
- 우선 문단별로 중심 문장을 적고, 그 중심 문장 중에서도 가장 중요한 중심 문장을 찾는다.
- 첫 문단이나 끝 문단에서 나오지만, 중심 문장 하나가 중심 생각인 경우보다는 찾아낸 중심 문장을 토대로 중심 생각을 새로 만들어내야 한다.

학생들의 성적상승과 유지는 꾸준한 공부 습관에서 나온다.
그러기 위해서는
학생에 따라 초등 중등 과목별 지도 방법이 다를 수 있다.
<과목별 지도 레시피> 에서는 이론적인 지도법보다는
수업 중 아이들이 쉽게 공부할 수 있는
선생님의 역할을 안내해보려고 한다.
필요한 경우 초등 중등으로 나누고
유아 분야는 통합적으로 심리와 함께 살펴보기로 하자.
공부방에서 사용하는 교재에 따라
수업유형도 다르고 시스템의 영향을 받기도 한다.

수학
지도 팁

너, 제일 좋아하는 과목이 뭐야?

수학은 연산과 개념이해, 유형별 문제, 심화 문제, 단계별 서술형, 단원 정리 문제 등으로 구분할 수 있다. 연산이 빠르고 정확하면 문제를 푸는데 크게 도움이 된다. 초등보다는 중등에서 더 유리한 고지를 차지한다. 초등은 시간이 부족해 못 풀어 틀리는 문제가 거의 없는 반면, 중등은 시험시간이 부족해 점수가 안 나오는 경우가 많기 때문이다.

연산이 탄탄하면 일단 문제를 풀어낼 시간적 여유가 생긴다. 그러니 시험 중 빠듯한 시간 때문에 생기는 실수가 적다. 단, 빠르기만 하고 대충 눈으로 푸는 연습만 된 경우에는 틀린 답을 체크하거나 잘못을 발견하기 어렵다.

서술형 문제의 경우는 결국 간단한 문제가 긴 문장으로 되어있어 문제를 읽기도 전에 거부감을 갖고 문제를 대하게 되는 경우가 있으니 여러 번 함께 읽어가며 단서를 찾는 연습을 해주는 역할이 필요하다. 보물섬에서 보물 지도를 들고 있어도 단서를 찾지 못하면 보물이 묻힌 장소에 도달할 수 없다.

이미 배운 내용을 쉽게 잊어버리는 경우도 있지만, 문장 이해력이 부족하여 수학이 어렵게 되는 경우도 많다. 글 읽기 자체를 귀찮아하는 아이들이 문장제 문제를 포기하는 경우는 수학뿐 아니라 다른 과목 학습도 마찬가지다.

풀거나 페이지 여백에 곱하기 나누기를 *끄적끄적* 풀고 나서 머리로 답을 낸다.

이럴 땐 준비해둔 포스트잍을 문제 아래에 붙여주며 풀이과정을 적도록 유도한다. 어느 부분에서 틀렸는지 스스로 발견할 수 있다. 쓰지 않거나 어떻게 쓰는지 전혀 감이 안온다고 하는 경우 선생님이 풀이과정을 적어주어 방법을 알려준다.

견해 차이는 있겠지만 내 경우 문제집에 해설지를 똑같이 따라 적어보면서 숙달시키는 방법도 습관을 잡아 주는 데에 효과가 있다. 답지를 학생에게 주면 안 된다는 건 내 생각엔 편견인 것 같다. 선생님이 첨삭해 주어 이해를 돕고 난 후 꼭 필요한 부분은 색연필로 동그라미를 그려주며 설명을 읽어보게 하거나 적어보는 것은 조리 있게 해설을 쓰는 연습이 된다. 해설지나 정답지 또한 좋은 교재임을 간과하지 않았으면 한다.

4차 산업혁명시대의 AI 사고력 수학

WMO Korea 홈페이지 회원 811명 대상 설문조사 분석 결과 사고력 교육으로 서술형 두려움 없애고, 수학 실력도 향상된다고 한다. 이충국 WMO Korea 조직위원장은 "수학을 통해 논리적으로 생각하는 힘을 기르는 사고력 교육은 중·고교 수학 학습은 물론 다른 영역 학습에도 도움을 준다"며 "어릴 때부터 생활 속 친숙한 소재로 문제에 접근하고, 퍼즐, 게임, 교구 등을 활용해 수학에 대한 흥미를 높여야 한다"고 조언했다.

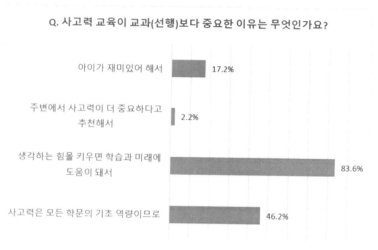

Q. 사고력 교육이 교과(선행)보다 중요한 이유는 무엇인가요?

AI 시대 필수 무기 '수학'… 초등 학부모 87.9% 사고력 교육 시켜.
/WMO Korea 조직위원회 제공
- 오푸름 조선에듀 기자   2020.03.17.

몇 해 전부터 사고력 수학이 붐을 이뤘다. 사고력 수학은 2015 개정 교육과정에서 추구하는 창의 융합형 인재 양성이라는 교육목표에 한 걸음 더 가까이 가는데 실질적인 도움을 준다.

필자는 아이들이 수학을 싫어하는 즉, 수포자가 되기 시작하는 시기를 대체로 5학년 수학을 접하면서부터라 생각한다. 실제로 수학 때문에 가장 많이 학부모의 상담이 있는 시기가 5학년 1학기이다. 문제를 계산이나 암기 그리고 감으로 풀었던 5학년 이전 단원까지는 연습만 열심히 하면 어느 정도 따라와 준다. 하지만 공부방에도 약수와 배수, 약분과 통분에 이어 분모가 다른 분수의 덧뺄셈을 여러 가지 방법으로 기술해야 하는 문제는 마지막 기약분수로 정답을 마무리할 때까지 정확한 개념을 갖지 않으면 수학이 어렵다고 느끼게 되는 시작 시점이다.

어떤 아이는 '약분과 통분'에서부터 '나는 수포자'라는 말을 부모님께 입버릇처럼 해서 상담을 하는 경우도 있다. 공부방을 보내놓았는데도 아이가 '나는 수포자'라고 한다면 부모 입장에서도 공부방만을 믿고 계속 보내기 힘들어진다.

AI시대에 적응하고 발전시켜 스스로의 방식으로 묻고 질문하며 결정하는 인재로 성장시키기 위해서는 단순한 문제 풀이가 아닌 문제에 대한 통합적 접근과 구체적 과정을 통해 문제해결에 도달하는 사고력을 키워야 한다. 이를 위해서는 서술형 문제를 접해볼 기회를 지속적으로 제공해야 한다.

그러기 위해서는 시중에 좋은 교재들을 골라 사고력 수학반을 운영할 수 있다면 좋을 것이다. 공부방 수업이 학부모의 반응에 의해 체질 개선과 아이들 실력향상, 공부방 인지도를 한 단계 업그레이드시켜 줄 계기가 될 수 있다.

초등수학과 중등수학은 다르다.

　중등 상담을 하다 보면 자주 듣는 말이 있다. 초등 때엔 수학을 잘한다고 생각했는데 중학교에선 수학을 따라가지 못한다. 생각보다 너무 못한다. 라는 말이다. 초등에선 전 과목을 담임선생님과 공부하지만 중학교에선 과목마다 선생님이 다르니 담임선생님이 학생 성적을 관리하기에 어려움이 발생하는 시스템의 문제이기도 하고 사춘기에 접어드는 시기의 문제도 있다.

　또한 초등에 비해 중등의 평가방식은 수행평가와 중간 및 기말시험을 합산하는 평가방식의 차이를 준비하지 못한 결과일 수도 있다. 수학은 기본적으로 문제 푸는 방법을 익히는 게 중요하다.

　그 첫 번째는 암기이다. 수학의 기본은 암기라 할 수 있다. 대부분 수학을 잘하느냐를 가름하는 것은 시험을 잘 풀어 몇 개를 맞추었는지이다. 그러려면 기본적으로 문제를 풀기 위해 필요한 공식을 제대로 암기하고 있어야 한다.

　문제 푸는 방법에 대해 숙달되는 것을 암기라 할 수 있다. 이러한 암기가 바탕으로 되어있는 경우 어려운 문제도 풀 수 있다. 나는 중등 수업에 있어 교과서에 중요하게 비중을 둔다. 교과서를 한 권씩 더 준비하게 한다. 공부방에 학교별 수학 자습서를 비치해두고 학생에게 자습서를 읽어보게 한다. 교과서에 나오는 문제를 여러 번 반복해서 풀게 하고 가능하면 자습서에 나오는 문제까지 모두 풀어보게 한다.

시중에 나오는 문제집을 여러 권 풀어보는 것보다 교과서 문제를 집중적으로 풀리는 것이 더 효과적으로 시험을 잘 보는 비법이라 생각한다. 자습서를 부교재 삼아 3번 이상 반복적으로 풀리면 평균 이상의 점수를 얻을 수 있다. 아이들의 내신 관리는 무엇보다 교사의 구체적인 계획과 전략이 필요하다.

오랜 시간 공부방에서 공부한다고 절대로 성적이 올라가지 않는다. 시험점수가 잘 나와야 아이들도 공부할 맛이 나고 공부방만 믿으면 된다는 마음이 생겨 장기회원이 된다. 하지만 문제집과 기출문제 자료만 많이 준비하는 불타는 교사의 열정만으로는 시험을 잘 볼 수 없다.

수학은 단위 안에 공식이 숨어있다. 수학 공식을 암기할 것이 아니라 초등 때부터 정답 난에 단위를 쓰도록 습관을 들여놓고 그 단위의 의미를 알려주면 아이들은 재미있어하고 기억도 잘한다. 예를 들어 속력의 단위인 (㎧)는 거리를 시간으로 나눈 것으로 단위 자체가 속력을 구하는 공식이다. 이 이야기는 중등 수학 방정식의 활용 단원에서 항상 언급하는 말이기도 하다. 마찬가지로 넓이의 단위인 (㎡)는 (m) x (m)로 가로 길이와 세로 길이의 곱이라는 공식이다. 가르치는 교사에겐 당연한 사실이지만 아이들은 재미있는 수학 마법을 본 것처럼 눈을 동그랗게 뜨고 이야기해주는 나를 바라본다.

초등뿐 아니라 중등 중간과 기말 시험지 확인은 반드시 필요하다. 이번 시험에서 풀 수 있는데 못 풀었던 문제는 다음 시험을 위해 더욱 '놓치면 안 되었던 문제였다'는 것을 학생 스스로 깨우치게 해주는 데에도 큰 의미를 갖는다.

<초등수학에서 놓치면 안 되는 단원들>

● 초 1학년

수, 여러 가지 모양, 덧셈과 뺄셈, 비교하기 등의 수를 배운다.
유치원 수학교육과 연계선상의 수준의 연산을 접하는 단계로 덧셈과 뺄셈, 수 단원을 학습한다. 수를 두 가지 방법으로 읽고 쓰고, 크기를 비교하는 활동이 중심이 된다.

● 초 2학년

여러 가지 도형, 덧셈과 뺄셈, 길이재기, 분류하기, 곱셈을 학습하게 된다. 세자리수 단원에서 백의 자리까지 자리수의 개념을 학습한다.

덧셈과 뺄셈의 원리에 대해 충분히 이해하고 넘어가야하는 중요한 시기로 백의모형, 십의모형, 낱개모형으로 수를 나타내는 연습으로 자릿수의 개념에 대해 이해한다.

동전을 이용해 만들 수 있는 여러 가지 세자리수 만들기 유형을 학습해보면 개념이해에 도움이 된다.

칠교판으로 도형을 만들고 변과 꼭짓점, 평면도형의 여러 가지 이름과 주어진 그림에서 크고 작은 평면도형을 세어보는 문제를 익힌다.

● 초 3학년

덧셈과 뺄셈, 평면도형, 곱셈과 나눗셈, 분수와 소수 단원을 배운다.

나눗셈은 덧셈, 뺄셈, 곱셈 연산을 모두 활용하는 개념으로 나눗셈의 개념을 도입하는 시기는 매우 중요한 의미가 있다.

자연수가 아닌 수를 처음 다루게 되는 분수와 소수 단원에서는 1(하나)의 의미를 다시 깨닫는 단원이며 실생활을 활용해 분수와 소수와 1의 관계를 학습하게 된다.

● 초 4학년

큰 수, 각도, 곱셈과 나눗셈, 막대그래프, 규칙 찾기 단원을 배운다.

각은 다각형을 정의하는 데 필요한 것으로 도형 영역의 기초가 되는 개념으로 각도기를 처음 사용하게 된다.

평면도형의 모양을 뒤집고, 돌리는 활동을 통하여 평면도형의 변환을 이해하게 된다.

● 초 5학년

자연수의 혼합계산, 약수와 배수, 규칙과 대응, 약분과 통분, 분수의 덧셈과 뺄셈, 다각형의 둘레와 넓이 단원을 배우게 된다.

자연수의 혼합계산 단원에서는 계산 순서를 배운다. ( ), { }, [ ] 의 개념도 배운다.

규칙과 대응은 함수 개념의 기초가 되는 중요한 부분이므로 대응 관계의 개념을 중학교 함수 학습과 직접적으로 연계된다.

● 초 6학년
분수의 나눗셈, 각기둥과 각뿔, 소수의 나눗셈, 비와 비율, 여러 가지 그래프, 직육면체의 부피와 겉넓이 단원을 배우게 된다.
분수의 나눗셈 단원에서 혼합계산이 기초가 부족한 경우 어려움이 있다.
여러 방법으로 분수의 나눗셈을 할 수 있어야 하며 계산이 끝날 때 기약분수로 답을 내는 확인 과정이 중요하다.

〈어떤 수〉 문항은 잘못 계산한 것과 바르게 계산한 결과를 내는 문제이다. 이 유형은 중학교 문제에도 꾸준히 등장하는 문제이니 초등 1학년 덧뺄셈 단원부터 자신 있게 풀 수 있도록 지도해 두어야 한다.

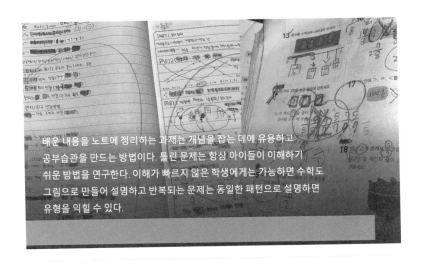

배운 내용을 노트에 정리하는 과제는 개념을 잡는 데에 유용하고
공부습관을 만드는 방법이다. 틀린 문제는 항상 아이들이 이해하기
쉬운 방법을 연구한다. 이해가 빠르지 않은 학생에게는 가능하면 수학도
그림으로 만들어 설명하고 반복되는 문제는 동일한 패턴으로 설명하면
유형을 익힐 수 있다.

- 과제를 낼 문제지나 수업 중 풀 것들은 미리
  학생수만큼 출력해 준비한다.
- 채점 시스템이 있는 문제은행은 업무효율을
  높여준다.

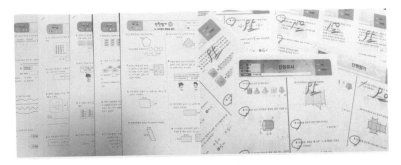

노트 필기로 개념이해와 문제은행활용 예

<2015개정 교육과정 초등학교 수학 학년별 단원>

1학년1학기	1. 9까지의 수 2. 여러 가지 모양 3. 덧셈과 뺄셈 4. 비교하기 5. 50까지의 수	1학년2학기	1. 100까지의 수 2. 덧셈과 뺄셈(1) 3. 여러 가지 모양 4. 덧셈과 뺄셈(2) 5. 시계보기와 규칙 찾기
2학년1학기	1. 세 자리의 수 2. 여러 가지 모양 3. 덧셈과 뺄셈 4. 길이 재기 5. 분류하기 6. 곱셈	2학년2학기	1. 네 자리의 수 2. 곱셈구구 3. 길이 재기 4. 시각과 시간 5. 표와 그래프
3학년1학기	1. 덧셈과 뺄셈 2. 평면 도형 3. 나눗셈 4. 곱셈 5. 길이와 시간 6. 분수와 소수	3학년2학기	1. 곱셈 2. 나눗셈 3. 원 4. 분수 5. 들이와 무게
4학년1학기	1. 큰 수 2. 각도 3. 곱셈과 나눗셈 4. 평면도형의 이동 5. 막대그래프 6. 규칙 찾기	4학년2학기	1. 분수의 덧셈과 뺄셈 2. 삼각형 3. 소수의 덧셈과 뺄셈 4. 사각형 5. 꺾은선 그래프
5학년1학기	1. 자연수의 혼합계산 2. 약수와 배수 3. 규칙과 대응 4. 약분과 통분 5. 분수의 덧셈과 뺄셈 6. 다각형의 둘레와 넓이	5학년2학기	1. 수의 범위와 어림하기 2. 분수의 곱셈 3. 합동과 대칭 4. 소수의 곱셈 5. 직육면체
6학년1학기	1. 분수의 나눗셈 2. 각기둥과 각뿔 3. 소수의 나눗셈 4. 비와 비율 5. 여러 가지 그래프 6. 직육면체의 부피와 겉넓이	6학년2학기	1. 분수의 나눗셈 2. 소수의 나눗셈 3. 공간과 입체 4. 비례식과 비례배분 5. 원의 넓이

사회
지도 팁

사회는 배경지식이 많아야 한다.

사회는 다른 어느 과목보다 배경지식의 양과 질에 영향을 받는 과목이 사회, 과학 교과이다. 초등 3학년부터는 사회현상과 지리, 경제, 문화 등 폭넓은 범위를 다뤄 무작정 암기만으로 학습하는 데 한계가 있다. 교재를 선택할 때도 사회는 사진 자료나 지도, 그래프 등 직접 체험하기 어려운 분야까지도 잘 이해할 수 있도록 만들어진 교재를 선택하는 것이 좋다.

체험학습을 통해 창의적인 문제 해결력을 키울 수 있지만 공부방에서 다 이루어지기에는 광범위하므로 가정통신문이나 밴드 등 학부모와 공유할 수 있는 수단을 통해 다양한 체험활동에 대한 정보를 제공할 수 있다.

일반적으로 학부모들과 상담을 하다 보면 사회는 암기과목으로 여기고 공부 시간에 비중을 두는 것에 크게 의미를 두지 않는 경우가 있다. 사회는 시험 기간에만 집중해서 문제만 잘 맞추면 된다고 간단하게 생각하는 것이다. 하지만 사회는 긴 시간 일상에서의 경험이 발현되는 과목이라는 것을 간과하지 말아야 한다.

사회현상을 제대로 인지하는 학생이 성인이 되어 이 사회를 이끌어 갈 주인공이 된다는 사실은 영·수만 잘해 좋은 대학 좋은 직업을 가진 것 이상으로 중요한 일임에 틀림없다. 또한 영·수만 잘한다고 좋은 대학에 갈 수 있는 것도 아니다. 수능에서 사탐, 과탐 과목 에서 1등급을 놓치면 한 단계 낮은 대학으로 지원을 해야 하는 상황이 벌어질 수도 있다.

국어와 영어, 수학은 꾸준히 반복해야 일정 수준을 유지하는 누적 과목이지만, 사회와 과학은 경험치의 양과 깊이에 크게 좌우되는 체험과목이다. 교과서 내용을 살펴보더라도 예시에 설명되는 내용 모두 일상과 밀접하게 연결되어 있다. 사회는 실생활의 문제를 창의적으로 해결할 수 있는 방법에 대해 고민할 수 있는 과목이기 때문에 체험을 통해 이해하는 과정이 필요하다.

일상생활 속 사회활동 체험은 각 기관들이 하는 일이나 사회의 다양한 부분을 자연스럽게 인식할 수 있다. 교과서에 나오는 장소들을 잘 정리해 학년별 교과 단원에 맞춰 현장 체험을 할 수 있는 장소를 안내하면 좋다. 다양한 경험을 통해 창의적인 사고와 판단을 하는 데 도움을 준다. 공부방에서 학기별로 지역을 정해 답사하는 계획을 세워도 좋다.

한 지역을 정하면 지역의 특성, 문화유산, 그리고 기념관 등이 잘 구성할 수 있다. 저학년 고학년 중학생 등 적합한 장소를 선정하여 함께 이동하면서 학습도 되고 공부방 친구들과 좋은 추억도 쌓는 것은 공부방 회원을 위해 줄 수 있는 특별한 경험이다.

교과와 연계된 내용뿐 아니라 뉴스, 신문 등 사회적 이슈로 배경지식 넓혀주는 역할도 필요하다. 초등 또는 중등 독서평설 등의 책을 준비해 아이들과 테마별로 읽기 시간을 갖는 것도 좋은 방법이다.

아이들은 선생님이 줄 수 있는 것을 찾아 넣어주는 만큼 스폰

지처럼 쏙쏙 흡수해 새롭게 제 것을 만드는 재능이 있다.

<현재의 '사회적 현상' 아이와 대화하고 체험 기회 활용을>

초등학생 중 국어와 영어, 수학 과목에는 흥미를 느끼고 성적도 잘 받지만 의외로 사회 과목을 어려워하는 학생들이 있다. 이때 학부모가 자녀에게 사회는 암기과목이라고 단정 짓고 학습지와 문제집을 이용해 단기간에 효과를 보려고 하면 오히려 역효과가 발생할 수 있다.

사회는 암기과목이라 할 수 있지만 개념이 잡히지 않은 상태에서 암기를 강요하면 사회를 공부하면서 배울 수 있는 방법론을 익힐 수 없게 된다. 초등학생들이 딱딱한 사회용어를 어렵게 느끼는 것은 당연하므로 사회적 현상을 직접 대입해 이해할 수 있는 습관을 들이는 것이 좋다. 이렇게 하면 학년이 올라갈 때마다 넓어지는 범위를 공부해도 쉽게 암기할 수 있게 된다.

@출처 세계일보 '공부가 술술'

선생님과 함께하는 체험 학습

초등 3학년 사회 교과에는 나와 사회에 대해 직접 경험하는 내용이 실린다. 우선 우리 고장에서 시작하고 학년이 올라가면서 5학년엔 한국사를 공부한다. 용어가 어려울 뿐 아니라 주변에서 본 적이 없는 문화재와 역사 속 인물까지 아이들은 광범위한 사회를 공부하는 데에 가장 효과적인 방법은 현장에서 직접 보고 문화 해설사의 이야기를 듣고 내가 그 역사의 한 가운데에 있다는 체험을 하는 것이다.

과학 교과의 경우 지역별 국립이나 지자체 단위 과학관과 천문대가 생각보다 많은 체험을 할 수 있도록 다양한 프로그램을 구성하고 있어 교과에서 배우는 과정을 실험해 볼 수 있는 기회를 제공할 수 있다. 학원이 주입식교육과 시험지만 풀리는 곳이 아닌 바쁜 부모님을 대신해 교실 밖 경험을 제공해 아이들의 사고를 확장하는 기회를 줄 수 있다는 것은 고객 입장에서의 만족감 증대 뿐 아니라 학원장에게도 운영에서의 보람을 준다.

사설로 운영되는 체험 프로그램이나 캠프 등도 많지만 믿을 수 있는 우리 선생님과 떠나는 여행이 더 안심이 된다. 프로그램을 계획할 때도 꼭 멀리 가지 않아도 근교에서 저렴한 비용이나 심지어는 무료로 체험할 수 있는 프로그램을 찾아보는 것도 좋다. 도심 주변 미술관이나 음악회를 관람해도 좋다.

숲 체험 프로그램을 이용하면 아이들과 함께 숲 해설사를 따라다니면서 안전사고 예방에만 주의를 기울이면 된다. 이는 저학년 학생들과 별도 프로그램으로 운영해도 좋다. 주말 나들이 식으로 소그룹으로 운영해보면서 차츰 넓혀간다면 큰 용기가 필요하지 않으니 도전해보자. 체험은 같은 장소를 다시 가도 체험의 질과 내용을 달리하면 아이의 시각이 확대되는 장점이 있다.

공부방에서 이러한 체험 프로그램을 운영할 때에는 참가 인원과 전세버스의 대여료를 감안해 계획해야 하는데 가까운 공부방과 연계해서 프로그램을 계획하면 수월하다. 참가비에는 버스 대여비와 식비, 관람비가 부족하지 않을 만큼 산정해야 운영에 지장이 없다.

부담이 되는 금액 이하라면 다소 높은 편이 버스 환경이나 식사 등 불편함이 없어야 만족도도 높아지기 마련이다. "재밌었어" "맛있었어" "다음에도 가고 싶어"라는 참가자들의 리뷰는 다음 현장 학습 운영에 자신감을 준다. 공부방이 수업만 하는 곳이 아니라 아이들과 새로운 환경에서 경험을 공유하는 것은 공부방 다니는 재미를 준다.

공부방 다니는 친구를 따라 체험 학습에 참가한 후 공부방에 입회를 결정하는 경우는 아이들의 행복한 웃음뿐 아니라 체험학습을 준비하느라 고생한 고단함에 대한 또 하나의 보상이 되어주기도 한다.

"나 여기 같이 다녀오고 저 공부방에 다닐 게 엄마 나도 친구랑 같이 놀러 가게 해줘"

체험학습을 다녀온 며칠 뒤 엄마는 웃으며 아이 손을 잡고 공부방 상담을 오신다. 그러니 많은 장소를 많은 활동을 계획하기보다는 단순한 일정이지만 촘촘한 순서를 준비하여 사고 없이 잘 다녀오는 것이 가장 중요하다.

공부방 겨울방학 ○○ 현장체험학습 안내

겨울방학 현장 체험학습 신청서

장소 : ○○
일시 : 2020년 1월 9일 목요일 (7:20 차량탑승 공부방 앞/ 귀가 7:30 장소동일 예정)
　　　시간은 10분정도 조정될 수 있으며 사전 공지 드리겠습니다.
참가비 : 00000원 (자유이용권/차량/중식/간식 포함)

자세한 안내는 추후 다시 드립니다.
참가비는 안내드리는 계좌로 입금해주시면 되세요

국민은행 : 000-00-000 김지나

아이들과 즐거운 겨울방학 추억이 될거예요^^
　　　　　　　　　　　　　　20○○년 ○○월 ○○일 상아공부방 원장 김지나 드림

○○참가신청서 ＿＿＿＿＿＿＿＿＿＿＿＿＿＿＿＿＿＿＿＿＿＿

이름 :
참가여부 : 참가합니다 (　　)
학부모님 서명 :

기본 안내장에 체험학습의 목표란을 추가하고 미리 탐구할 항목을 조사해 오게 하는 활동을 통해 아이들의 체험학습효과를 증대시킬 수 있다.

<체험학습 Tip>

체험학습의 구체적인 학습 목표를 아이들에게 알린다. 이때 참
가신청서에 체험학습의 목표를 공지하는 난을 만든다.

체험학습 전 사전 학습을 통해 아이들의 기대감 뿐 아니라 가서
알고 싶은 것이 무엇인지도 정해보도록 한다. 이를 위해 다양한
매체를 활용해 간단한 현장 학습 계획서를 미리 만들어보면 좋
다.

체험학습을 다녀온 후 보고서를 작성해보는 사후 단계를 거치면
서 다녀온 경험을 친구와 가족과 공유하는 과정은 반드시 필요
하다.

이러한 일련의 과정을 통해 공부방에 다니는 또 다른 이유가 만
들어지고 이러한 아이의 성장을 바라보며 공부방에 보내는 학부
모의 만족감은 배가된다. 현장 체험학습은 운영하는 학원장에게
는 정신적, 육체적으로 적지 않은 부담이 된다. 자주 하기보다는
1년에 1~2회를 하더라도 이러한 세심함을 발휘하여 학습효과와
기존회원에게는 신뢰를 얻고 장기회원으로 유도하며 신규 회원
유치에 도움이 될 수 있다. 체험학습 기회를 제공해 자기주도
학습 능력을 길러주는 것을 교실 밖 여행으로 우리 공부방의 장
점을 멋지게 어필할 기회가 된다.

과학/기타 과목
지도 팁

과학은 개념이다.

학교 학습 내용은 초등에 비해 중등 대부분 과목이 어려워지고 난이도가 올라가는 나선형 교육과정이다. 그중 개념이 복잡해지고 범위가 넓어지는 과목이 과학 과목이다. 그러므로 탄탄한 기초 물리나 화학 생물학의 개념이 중등 과학 공부를 좌우한다.

초등학교에서는 직접 체험하거나 그 단위가 단순하고 시각적으로 비교하기 쉬워 결과를 유추하고 결론을 내기에 쉬우며, 수업 중 실험도 용이하다. 공부방 수업에서도 물질의 성질이나 자전이나 공전 태양의 고도, 자석의 원리 등 얼마든지 직접 실험이 가능하고 교구를 구하기도 어렵지 않다.

하지만 학년이 올라가고 중학생 이상이 되면 그 개념은 우주, 원자, 이온, 화학식으로 지구과학까지 눈으로 확인이 어렵고 상상하기도 어려운 세계를 공부하게 된다. 수포자만 있는 게 아니라 내 아이를 보니 과포자(과학포기자)가 되기도 하는 것 같다.

그 친구는 중학교 2학년이 되니 과목을 잘해야겠다는 마음을 접기로 결심을 한 경우이다. 초등학교에서는 과학이 가장 재미있고 시험에 늘 만점을 받던 아이이고 과학 대회에도 참가했던 한마디로 과학을 꽤 좋아했던 아이다.

과학 관련된 책을 직접 골라 읽던 아이였다. 그 아이도 중학생이 되면서 과학을 놓고 어려운 과목이라 생각해 버렸다.

그러니 시기를 놓치지 않도록 해야 하는 과목 그리고 다시 잡기 쉽지 않은 과목이 바로 과학이라고 생각한다. 저학년 때에는 체험이나 흥미 중심의 활동이 진행되므로 과학을 그다지 좋아하는 아이들도 흥미를 느끼고 과학이 어렵지 않다. 내 아이에겐 과학도 과외가 필요한 과목이었다. 과학 때문에 고등학교에서도 이과를 가는 것은 포기했다. 문과가 더 적성에 맞기도 했지만 말이다.

'과학도 암기과목이다'라고 생각하는 경우가 많다. 하지만 중학교에 입학하고 나면 실험이나 체험의 빈도는 줄어들고, 외워서 공부해야 하는 이론의 비중이 늘어나게 되면서 학생들이 흥미를 잃고 어려운 과목이 되는 것이다. 전기회로를 직접 그려보고 인체 해부도를 그려보는 것은 사회 교과 백지도를 그려보는 것과 같다. 그려보고 만져보고 연결해보며 구조화 시키는 과정이 중요하다.

과학은 아우르는 개념이 아주 넓고, 그 범위가 학년이 올라갈수록 급격하게 넓어지기 때문에 공부양도 늘어나고, 어려운 개념이 많아진다. 꾸준히 개념을 이해하고 학습해야 한다. 이과를 지원할 학생이라면 절대 놓치면 안 되는 과목이 바로 과학이다. 그럼에도 과학을 놓치는 것은 많은 학생은 자신이 공부하는 과목이 어려워지고 공부해야 하는 양이 많아지게 되면 영·수에만 치우치고 나머지 과목은 점점 멀리하기 때문이다.

3학년 1학기
1. 과학자는 어떻게 탐구할까?
2. 물질의 성질
3. 동물의 한 살이
4. 자석의 이용
5. 지구의 모습

3학년 2학기
1. 재미있는 나의 탐구
2. 동물의 생활
3. 지표의 변화
4. 물질의 상태
5. 소리의 성질

5학년 1학기
1. 과학자는 어떻게 탐구할까요?
2. 온도와 열
3. 태양계와 별
4. 용해와 용액
5. 다양한 생물과 우리 생활

5학년 2학기
1. 재미있는 나의 탐구
2. 생물과 환경
3. 날씨와 우리생활
4. 물체의 운동
5. 산과 염기

4학년 1학기
1. 과학자처럼 탐구해 볼까요?
2. 지층과 화석
3. 식물의 한 살이
4. 물체의 무게
5. 혼합물의 분리

4학년 2학기
1. 식물의 생활
2. 물의 상태 변화
3. 그림자와 거울
4. 화산과 지진
5. 물의 여행

6학년 1학기
1. 과학자처럼 탐구해 볼까요?
2. 지구와 달의 운동
3. 여러 가지 기체
4. 식물의 구조와 기능
5. 빛과 렌즈

6학년 2학기
1. 전기의 이용
2. 계절의 변화
3. 연소와 소화
4. 우리 몸의 구조와 기능
5. 에너지와 생활

학습 지도는 체계적 코칭이 필요하다.

나는 초등부터 중등 학생까지 전 과목을 지도하는데 중등 아이들의 경우 일괄적으로 과목별 스케줄 표를 만들어 개별 파일을 작성할 수 있게 한다. 처음 중학생이 된 아이들은 한 달 정도 꾸준한 관리를 해주면 스스로 자기 스케줄을 관리할 줄 알게 된다.

물론 스스로 하진 못한다. 스케줄 파일이 밀리지 않도록 꾸준히 들여다보고 함께 첨삭해야 한다. 1년 내내 3년 내내 선생님의 일관성 있는 코칭이 어떠한 티칭에 못지않게 중요하다. 스케줄에 과학을 일주에 두 번 반드시 넣어준다. 금요일엔 과목별 테스트를 본다. 문제은행 시스템을 활용해 스스로 문제를 만들어 난이도별 시험을 두 개 씩 보게 한다. 시스템이 있다면 유용하다.

도움 받을 시스템이 없다면 문제집을 별도로 준비해 테스트용으로 활용하면 된다. 이때 문제집은 개념보다는 문제 위주의 중간 또는 기말고사용 문제집을 권한다. 수학의 경우 예를 들면 비상출판의 쎈 을 활용해 난이도별 테스트를 한다. 문제은행 시스템을 가진 공부방이라면 아이들 수준에 맞는 문제로 실력을 증진시켜 준다.

자세한 해설이 나와 있어 모르는 부분만 밑줄을 그어오면 나는 그 부분 위주로 이해시켜주면 된다. 내가 하나하나 문제 이해부터 답까지 내어주면 아이는 다음에도 모른다고 다시 온다.

아이를 수동적으로 문제 푸는 기계로 만들고 싶지 않아 아이에게 스스로 이해할 수 있는 시간을 많이 준다. 그리고 자신이 무엇을 모르는지 찾아오게 한다. 그리고 그걸 스스로 해결하는 것을 돕는다.

중등회원에게는 자기주도 학습일지를 만들어 주고 월간 학습계획표에 따라 자기 학습을 체크하면 공부 분량을 늘리고 스스로 성취감을 느끼는 계기가 된다.

중등 1학년 2월 학습 스케줄 표

이름 :

현재 본인 학습 스케줄을 점검하고 꼼꼼히 기록해 매일 검사받으세요.

이달 중 교재 : 국어 학교 교과서 평가문제집 (3월부터시작하는내신 국어수업준비용 서점 구입)

이달 중 준비물 : 3월부터 전 과목 노트정리가 시작됩니다. 전 과목을 한곳에 정리할 줄 노트 (스프링) 준비하세요.

1/31	2	2	3	4
설 연휴	설 연휴	설 연휴	국어 방학특강 수학 리더스 수학 더블클릭 과제 :	테스트 : 문제은행 국어( ) 수학( ) 사회( ) 과학( ) 과제 :
7	8	9	10	11
국어 방학특강 수학 리더스 수학 더블클릭 과제 :	사회 리더스 수학 리더스 수학 더블클릭 과제 :	과학 리더스 수학 리더스 수학 더블클릭 과제 :	국어 방학특강 수학 리더스 수학 더블클릭 과제 :	테스트 : 문제은행 국어( ) 수학( ) 사회( ) 과학( ) 과제 :

2022학년도 1학기부터
초등 교과목이 검정교과서 체계로 변경되면서
단원의 선후가 다를 수 있다.
책에 넣은 수학과 과학 단원표는
과목별 단원은 학년에서 배워야 할
주요 내용에 대한
이해를 돕기 위해 정리해 두었다.

엄마표
독서지도

선배 엄마의 독서지도

필자는 아이가 여섯 살이 되던 2008년 4월 공부방을 오픈했다. 공부방을 시작하게 된 이유는 일하면서 아이를 돌볼 수 있겠다는 생각에서였다. 그런데 나와 같은 이유로 공부방을 시작한 경우가 반드시 좋은 점만 있는 것이 아니라는 것을 나중에서야 알았다.

내 아이와 내가 한 공간에 있는 것일 뿐, 아이는 방치되고 있다는 느낌이 들었다. 엄마의 마음은 다 같지 않을까 싶다. 미안함과 속상함이 공존하는 마음이다. 유치원에 다녀오면 같이 놀이터에서 놀아 주던 엄마가 마중을 나오지 않고 혼자서 집 현관을 열고 들어와야 한다.

그곳엔 열심히 공부하고 있는 엄마와 형 누나들이 있고, 아이는 조용히 자기 방으로 들어가 문을 닫는다. 아이가 자기 집에서 일하는 엄마를 지켜보는 것은 불편했을 테고, 자기 집에 하루 종일 학생들이 드나드는 것도 불편하고 싫었을 것이다.

아이와 나는 책 읽는 친구였다. 아주 갓난 아기 때부터 우리의 독서 우정은 이어져 밤에 팔베개를 하고 누워 도란도란 책을 읽은 것은 초등학교 3학년 때까지 이어졌다. 글을 모를 때는 엄마가 책 읽는 소리를 듣고 내용을 모두 외웠고, 글을 알기 시작하면서는 엄마 한 줄 아이 한 줄, 엄마 한쪽 아이 한쪽을 번갈아 가며 읽었다. 한 줄을 읽고 다음 줄을 읽으면서 규칙을 배우고 신뢰를 쌓았다. 루틴 있는 시간을 살아서인지 아침 등원에서 엄마가 수업을 마치는 밤이 될 때까지 아이는 보채는 일 없이 기다릴 줄 알았다.

영유아기 사교육부터 입시 사교육까지 아이들에게 부모는 모든 것을 한없이 제공한다. 경제적 여유와 아이의 미래를 위해 아이를 위해 투자하는 것은 부정적으로 볼 이유는 없다고 생각한다. 아이에게 투자하는 방식은 경제력과 부모의 양육방식에 따라 달라질 수 있기 때문이다. 부모의 선택이다.

여기서 말하고 싶은 것은 아이에게 삶의 가치를 스스로 깨닫고 목표를 세워 자기 자신을 돌볼 줄 아는 성인이 되도록 하는 것에 얼마의 투자를 하는지가 중요하다.

내 아이를 천재로 만들기 위해 투자한 노력에 비해 소통이 부재하다면 아이가 행복하게 자라고 있는 거라 할 수 있을까? 아이는 결과적으로 부모와 같은 성인이 될 것이다. 우리는 무작정 일류를 위해 달리는 사람들 보다는, 자신의 소리에 귀 기울일 줄 알고 그곳을 향해 나아 갈 줄 아는 선택과 판단을 가진 사람이 되어야 한다고 생각한다.

SKY에 다니는 아이를 둔 경우만 해당되는 것도 아니다. 다리를 놓아주는 것은 한계가 있기 때문이다. 누구나 성인이 되고 그들은 자신의 결정에 책임지며 살아가야 한다. 어릴수록 책과 놀고 책과 소통하고, 그리고 책을 넘어설 수 있는 아이로 키우려면 어떻게 하면 될까?

아이의 외할머니인 나의 엄마는 '아이가 만화책을 보더라도 그 안에서 배울 것이 반드시 있다'라고 늘 말씀하셨다. 그러니 아무 책이라도 읽게 두어라. 한 장만 읽다 뒤로 건너뛰어도 아무 말 하지 말라고 말씀하셨다.

부모가 좋은 책을 1페이지부터 한 장 한 장 꼭꼭 씹어 읽어 주면 좋을 수 있다고 생각하지만, 사실 그런 바람대로 읽어 주는 것이 아이에겐 곤혹이 될 수 있다는 것도 기억하면 좋겠다.

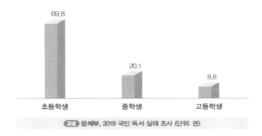

문체부, 2019 국민 독서 실태 조사 (단위 권)

문체부가 발표한 2019년 국민 독서 실태 조사에 따르면 초등학생은 60.8%, 중학생은 20.1%, 고등학생은 8.8%로 초등시기에 가장 많이 신경 쓰는 부분이 독서이며 읽을 시간이 상대적으로 부족한 고등시기를 위해 초등시기에 탄탄히 해두어야 하는 부분이 독서이다.

아이와 함께 성장하는 엄마

부모가 자신만의 규칙을 정해놓고 그렇지 않은 모습을 보아 넘기지 못하고 조급해하는 순간 아이의 즐거운 책읽기도 엄마와의 관계도 망칠 수 있다. '오래 보아야 예쁘다'라는 시의 구절에서처럼 그 모습이 탐탁지 않아도 오래 지켜보아 주는 연습을 하면 예쁘고 또 예쁜 아이가 되어 줄 것이다. 부모가 한 발 뒤에서 든든하게 지켜보아 주는 것만으로도 아이는 잘 성장한다. 아이가 성장하는 것을 응원하고 지지해줄 수 있으려면 엄마도 성장해가야 한다.

돌부리에 걸려 넘어질 때도 있을 것이고, 상처가 심하게 날 때도 있을 것이지만 엄마는 멀지 않은 곳에서 아플 때 상처에 약을 발라주고 넘어졌을 때 손을 잡아 주면 된다. 부모가 내려놓을수록 아이는 잘 자란다. 아이에게 부모마다 기대가 있지만 기대는 하되, 아이가 스스로를 믿고 헤쳐 나갈 것이라는 믿음을 주는 것이 그 어떤 응원보다 못하지 않다.

우린 두뇌에는 뇌 내비게이션이 있다고 한다. 출발지와 목적지를 설정해놓으면 그곳으로 나를 데려다 준다. 그런데 내비게이션만 따라가다 보면 새로 피어난 꽃도 새로 생긴 상점도 못 보고 지날 수 있다. 또한 다른 가능성에 눈 돌릴 기회를 놓치게 되기도 한다. 정해놓은 목적지만 보고 달리기 때문이다.

167

한 곳만 바라보고 성공을 이루는 일이 중요하지만 가지 뻗기를 하며 성장해가는 자신을 바라보는 일만큼 의미 있고 가치 있는 일은 없다. 이는 사회에 선한 영향력을 주는 생존의 이유이며 공존의 이유이기도 한 것 같다. 길을 잃어보지 않은 사람을 갑자기 길을 잃었을 때 스스로 길을 찾을 수 없다고 한다. 길도 잃어보아야 새로운 길도 보이고 다른 길도 만들 수 있다는 말이다.

아이에게 필요한 책을 선택할 줄 아는 힘을 길러주기 위해서는 부모에게 '지켜 보아주는 기다림'이 필요하다. 물론 여기서 중요한 것은 가급적이면 많은 책을 접할 수 있는 환경을 제공해주어야 한다는 점이다. 재미있는 책을 골라 그 책 안에서 자신의 꿈이 자란다는 것을 믿으면 좋겠다.

문체부에서 발표한 2019년 학생 독서 실태 조사결과에 따르면 독서 장애요인 중, 학교나 학원 때문에 책 읽을 시간이 없어서라는 응답이 가장 높은 비중을 차지했다. 학교에서는 아침 독서 시간을 두기도 하지만 어떤 책을 읽을지 선택의 문제도 중요한 요인이다.

도서 선택력을 기르기 위한
다양한 독서 환경 제공

1. 도서관을 활용한다. (국공립도서관 E-Book 서비스)
2. 정기적인 책 배달 서비스를 이용한다.
3. 월구독 E-Book 서비스 (밀리의 서재 등)
4. 백화점 문화콘텐츠 모바일 앱 서비스를 이용한다.
   (신백서재)

신세계백화점 앱 콘텐츠 신백서재

"

아이와 함께 성장하는 엄마가 되려면
책 읽는 엄마가 되고
멈추지 않고 계속 공부하는 엄마가
되어야 하는 것이 아닐까.
내 아이의 나이가 스물이어도
나는 계속 성장하는 엄마가 되고 싶다.

아이의 고민을 수용하고
이해할 줄 아는 엄마가 되려면
엄마도 꾸준히 다양한 것들에 관심을 갖고
나는 몰라도 어떻게든 살 수 있겠지 가 아니라
내가 알면 아는 만큼 성장한다는 것을

그리고 아이와 오래오래 사이좋은
관계가 될 수 있다는 것을 잊지 않으면 좋겠다.
엄마가 먼저 책을 들어야 한다.
"

주의해야 활
행동에 대한 대처

할 수 있다고 생각하고
방법을 연구하라

난독증 대처

난독증을 학습 부진으로 잘못 이해하는 경우가 있다. 뇌 신경계의 미세한 손상으로 인해 정보습득과 정보처리 과정에서의 어려움을 겪는 일종의 학습장애다. 학습장애는 크게 읽기장애, 쓰기장애, 셈하기 장애 등 3가지로 구분할 수 있는데 이 중 읽기장애에 해당하는 것이 난독증이다.

좁은 의미로는 글에서 의미를 파악하는 독해력은 정상이지만 문자로 표기된 단어를 말소리로 바꾸는 해독 능력에 문제가 있는 것을 의미하고, 넓은 의미로는 독해력만이 아니라 해독 능력에도 문제가 있는 것을 의미한다.

아이들을 지도하다 보면 간혹 읽는 것 자체를 하지 않으려는 경우 또는 유독 읽기가 늦는 경우를 보게 된다. 이는 단순히 한글을 늦게 깨우치는 학생과는 확연히 다르다. 말도 잘하고 판단력도 있어 눈치가 빠른데도 문제 앞에서는 연필을 붙잡고 굳어버리는 경우가 있다.

교사가 읽어 주면 답을 잘 찾아내는데 실제 시험장에서 가능하지 않은 상황인 것이 문제이다. 자기가 쓴 답이 틀릴까 봐 불안하고 불러주는 대로 듣고 풀면 딱 좋겠으니 연필만 잡고 대기하고 있는 것이다. 이 경우는 학년이 올라가 공부에 익숙해지다 보면 나아진다. 그런데 읽기장애인 경우는 보다 적극적인 조치가 필요하다. 교사가 빨리 발견해 학부모와 함께 상담을 해주어야 학령기를 지나는 데에 도움이 된다.

난독증은 초등학교 고학년이 되기 전에 진단하고 치료를 하면 효과가 높지만, 그렇지 않을 경우 앞으로 학업 수준이나 직업 수준 등이 낮을 수 있고 우울증세도 동반될 수 있으며 주의력결핍 등의 행동장애와 함께 동반된 경우 예후가 좋지 않을 수도 있다고 한다.[2]

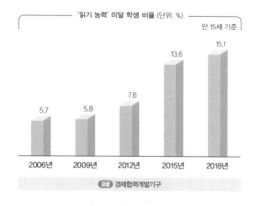

'읽기 능력' 미달 학생 비율 (단위: %)

만 15세 기준

2006년 5.7
2009년 5.8
2012년 7.6
2015년 13.6
2018년 15.1

자료: 경제협력개발기구

경제협력개발기구에서 발표한 만 15세 기준 2006부터 2018년까지의 '읽기능력' 미달 학생 비율 조사에서 2012년 이후 급격한 읽기능력 미달 학생이 높은 비율을 차지하고 있음을 알 수 있다.

수업에 크게 문제가 되는 경우가 없고 교사가 주의를 기울여야 하며, 문제 상황이 심각한 경우가 아니면 먼저 말을 꺼내기 어려

2) 아산병원 정신건강의학과 진단과 치료 자료를 참고

운 점이 있는 만큼 학부모님과 소통이 어느 정도 진행되고 신뢰가 쌓인 이후 이 문제에 대해 학부모 쪽에서 먼저 물어봐 준다면 다음의 증상을 체크 해 학부모와 상담 시 활용할 수 있다.

증상

발달 단계에 따른 난독증의 증상은 다음과 같습니다.

① 학령 초기
- 아주 익숙한 단어 외에는 읽지 못합니다.
- 받침이 있는 단어는 읽지 못합니다.
- 글자의 모양과 무관한 읽기 오류가 많습니다.
- 음절 단어나 음운 변동이 있는 단어를 읽기 힘들어합니다.
- 베껴 쓸 수는 있으나 받아쓰지는 못합니다.
- 쓰는 속도가 느리며 쓴 글씨를 알아보기 어렵습니다.
- 단어 속 자음, 모음의 순서를 헷갈립니다.
- 혼자서 책을 읽거나 문제를 풀지 못합니다.
- 내용을 읽어주면 잘 이해합니다.

② 학령 후기
- 다음절이나 낯선 외래어를 읽을 때 생략이나 대치합니다.
- 소리 내어 읽는 것이 느리며 이를 힘들어합니다.
- 날짜, 사람 이름, 전화번호를 외우는 것을 힘들어합니다.
- 읽기 능력과 이해 능력이 부족합니다.
- 조사, 접속사 등에 대한 이해가 부족합니다.
- 철자법을 틀리고 작문 능력이 부족합니다.
- 책 읽는 것을 싫어합니다.

③ 청소년기 및 성인기
- 읽기가 느리고 이를 힘겨워합니다.
- 소리 내어 읽어야만 내용을 이해합니다.
- 자세하게 읽기보다 대충 읽는 경향이 있습니다.
- 읽고 이해하는 능력과 작문하는 능력이 부족합니다.
- 철자법 실수가 늦게까지 지속됩니다.

@출처 서울아산병원 질병백과 정신건강의학과

학습부진과 진도부진

　공부를 못하는 것일까, 안 하는 것일까 우리는 수업 중 어려움을 보이는 아이들을 지도하면서 나 자신에게 이렇게도 질문을 던진다. 내가 못 가르치는 것일까? 아니면 아이가 나와 공부하기가 싫은 것일까?

　공부를 좋아하진 않더라도 나와 수업하는 시간만큼은 반이라도 따라와 주면 좋겠다. 안타까운 마음에 더 붙잡고 한 개라도 제대로 풀게 하고 공부방 문을 나서게 하고 싶은데 내 맘처럼 잘되지 않는 학생이 있다. 교육부 통계에 따르면 최근 들어 학생들의 학습 부진 문제가 심각하다. Covid19는 학습 부진과 학습인지 격차를 더 벌리는 원인이 되었다.

　우리나라에서 2020년 Covid19가 일상이 되기 이전까지는 학교 교육과정이 다음과 같이 진행되었다. 학생들이 교실에 일정 기간 수업을 하고 나면 중간시험과 기말시험 등을 정기적으로 보아 학력을 평가하고 개선 방안을 연구한다.

　공부방에서는 이 시기에 맞춰 시험공부를 시킨다. 정기적인 시험을 치르는 일은 그간의 공부를 공식적인 방법으로 한 번 더 복습하는 기회가 되었다. 그래서 공부가 싫어 도망치고 싶어도 분위기에 어쩔 수 없이 공부 시간에 참여하게 되고 그로 인해 저절로 습득되는 학습효과가 컸다.

하지만 요즘은 학교에서 평가하는 방식이 달라졌다. 수시로 평가하고 학년마다 반마다 평가 일정도 다 다르다. 전면 등교가 이루어지지 못했던 2020년과 2021년 2년간은 자연스럽게 학력 격차가 발생할 수 있는 충분한 요인이 되었다.

나는 이 시기에 어떻게든 휴강하는 날이 없도록 최선의 노력을 다했다. 12년간 고수하던 학년별 그룹수업을 전면 무학년제로 변경하는 대대적인 변화를 주었다. 시간차와 거리두기로 교차 감염을 최대한 예방하기 위한 결정이었다. 에너지가 훨씬 더 많이 필요한 시기였지만 아이들 하나하나 더 손이 갈 수 있는 계기도 되어주었다. 물론 이렇게 장기화될 것이란 예상을 하진 못했다.

개별수업은 수준별 학습으로 부족한 부분을 챙겨 독려할 수 있는 장점이 있다는 점. 그리고 학교 수시 평가에 대비해 줄 수 있다는 장점이 있지만 나의 에너지는 두 배로 들었다. 하나하나 심리적인 면도 살펴주어야 한다. 시기에 맞춰 원활한 수업방식의 변화도 필요했다.

물론 나의 더 많은 인내심도 필요했다. 수업 중 한계가 느껴질 때면 현관문을 잠시 열어 하늘을 바라보며 숨을 몰아쉬었다. 일대일 수업이 힘든 점은 내 감정 하나하나를 아이마다 다르게 적용시켜 주어야 한다는 그래서 감정에 쓰이는 에너지가 많이 필요했다.

교육 멘토 고려대 민철홍 교수는 '어른들의 가치관의 틀로 아이들을 바라보거나 강요하지 않도록 노력해 보라'고 말한다. 어른들이 가지고 있는 사고의 프레임으로 아이들을 판단하지 말라는 것이다.

선생님인 우리는 아이들을 볼 때 아이가 잘하는 면보다는 못하는 면 즉, 단점을 빨리 발견하는 습관이 있다. 왜냐하면 학부모가 돈을 주고 내게 맡겼으니 공부방이 돈값을 해야 한다는 당위성과 아이의 부족한 점을 빨리 발견해서 교정해주어야 한다는 책임감이 앞서기 때문이다.

그런데 내가 생각한 만큼 아이들이 빨리 바뀐 적이 있었는지 생각해 볼 때 난 그런 적 없었던 것 같다. 그래서 이렇게 생각하기로 했다. 그렇게 '빨리 교정되거나 어디를 가나 공부가 잘 맞는 아이였다면 내게 왔을 리 없어'라고….

어쨌든 이렇게 생각하고 나면 학부모와의 상담도 편해지고 아이가 빨리 잘해주길 바라는 내 욕심도 낮출 수 있어 아이와 관계가 좋아질 확률이 훨씬 높아지기 때문이다. 긴장도가 높지 않아야 아이가 오늘도 내일도 공부하러 온다.

물론 내가 지도하는 아이들 대부분 문제가 있어서 온 거 절대 아니라는 점 명시하고 싶다. 내 공부방 아이들은 예쁘고 바르고 선생님을 존중한다는 점은 감사한 일이다.

ADHD 성향을 보이는 아이

주의력결핍 - 과잉행동장애 ADHD
(attention-deficit hyperactivity disorder)

ADHD 즉, 주의력결핍-과잉행동장애란 낮은 집중력으로 인한 짧은 주의집중 기간이나 충동성 및 과잉운동을 의미한다. 내가 운영하는 공부방이 15년을 맞는 지금까지 많은 학생을 지도하면서 과잉행동장애 학생이 한두 명 있었다. 증상발견 확률 통계상 초등에서 많이 발견되는 증상이기 때문에 공부방을 운영하는 입장에서 증상과 유의할 점을 알아두면 아이의 행동에 대처하고 수업을 잘 이끄는 데에 도움이 된다.

ADHD의 주요증상은 주의력결핍-충동성-과잉행동 증상을 보이고 주로 5~7세에 발병하며 초등학교 입학 전후로 발견된다.[3] 또한 남아의 발병 비율이 3~4배 정도 높고 전체 학령기 아동 중 6%에서 많게는 12%까지 ADHD를 겪는다고 보는 것이 일반적이다. 초등학교에 입학해서야 ADHD를 발견하는 경우가 많은데 ADHD의 경우 학교에서 주로 행해지는 교우관계, 단체생활, 학습활동 등에 많은 영향을 받기 때문이다.

충동성 ADHD 학생은 작은 자극에도 과한 반응을 보인다. 한 과

---

3) 2014.11.05. 한경뉴스

목에만 집중력이 좋은 경우도 있지만, 이 경우 저학년 수학 연산 부분에 두드러지고 극소수의 경우 수학을 재미있어하는 특성을 보이기도 한다. 하지만 주의 집중력 결핍이 주요 증상이므로 대부분 학습에 어려움을 겪게 된다.

수업 시간에 떠들거나, 큰소리로 주의를 환기시키려는 의도적 행동을 하기도 하고 가만히 앉아 있지 못하고 줄을 서서 차례를 기다리는 일은 더더군다나 힘든 작업의 양상을 보이기도 한다.

조용한 ADHD인 경우, 밖으로 드러내진 않지만 손발을 꼼지락거리거나, 물건을 분해하는 등 수업 중 공부에 집중하는 것이 아니라 집중할 수 있는 한정된 시간 이외엔 대부분 딴 짓을 한다. 한 아이는 연필을 손톱으로 깎아내어 손이 엉망이 되어있기도 하고, 공부방 연필을 '뚝' 부러뜨린 후에야 자각하기도 한다. 정서적으로 안정이 되지 않는 부분이 처음 아이들을 지도하면서 이해되지 않을 수 있다.

그렇지만 아이들을 가려서 받는 것은 결코 좋은 결정 같지 않다. '입소문이 잘못 날까 봐, 아이 때문에 내 수업에 지장이 될까 봐, 또는 내가 너무 힘들 까봐'라는 생각은 교육자의 마인드는 결코 아니다. 그래도 내 아이이니 더 나아져서 학교 수업에 뒤처지지 않도록 너는 내가 책임을 져야 한다. 'ㅇㅇ아 누가 뭐래도 너는 내 소중한 보물이야'라는 마음을 갖고 아이를 대할 때 아이도 내 수업에 공감한다.

우리가 할 일은 아이의 문제를 발견하고 그 문제 상황을 최대한 만들지 않기 위해 그 시간만큼은 각별히 방해요인들을 제거해 주는 준비를 하는 것이다. 증상의 아이들은 보통 숙제를 끝까지 하기 힘들어 앞부분은 잘 풀어 오지만 뒷장은 그렇지 못하며, 숙제나 필기구 등 필요한 것들을 잘 챙기지 못한다. 핑계도 많은데 그 말을 눈을 맞추어 들어주는 시간이 필요하다.

학부모님이 아이의 행동장애에 민감한 경우에는 치료를 병행해 훨씬 안정적인 수업이 가능하다. 하지만 아이의 행동이 단순히 민감한 기질 때문이라 생각하고 때론 어떤 경우는 새벽 기도만으로 아이의 정서를 안정적으로 만들어 줄 수 있다는 확신으로 공부의 시기와 치료의 시기가 늦어지는 경우도 있었다. 반드시 정서적 물리적 치료가 병행되어 진다면 교육적 효과를 높일 수 있다는 점을 선생님이 알고 고객이 도움을 요청했을 때 의논 상대가 되어주면 좋겠다.

많은 부분 성인이 되면 치료가 되지만 학교생활에 지장을 받고 공부방 수업에도 지도에 어려움이 있다면 학부모와 상담을 하게 될 상황이 생길 수 있다. 이땐 전문가가 아니라는 것을 인지하고 아이 입장을 충분히 이해하며 학부모의 마음에 공감을 표현하며 편안하게 상담을 이끌 스킬을 발휘해야 한다.

<학교에서 자주 보이는 초등 ADHD 행동 특성>

- 수업 시간에 집중하지 못하고 딴 짓을 한다.
- 선생님의 말을 잘 안 듣는다. 즉, 하라는 것을 잘 안 한다.
- 활동이나 과제를 시간 안에 끝내기가 어렵다. 늘 마무리가 잘 안 된다.
- 선생님이 말씀하실 때 기다리지 못하고 쓸데없이 자꾸 끼어 2들어서 말한다.
- 친구들과 자주 트러블이 있다.
- 화를 내거나 억울함을 호소할 때가 자주 있다.
- 과격하게 노는 경향이 있다.
- 물건을 잘 잃어버리고, 학교에 두고 올 때가 많다.
- 알림장을 잘 못 쓰고, 학교 유인물을 잘 전달하지 못한다.
- 심하면 수업 시간에 착석이 어렵거나 수업에 방해가 될 정도로 장난을 친다.

출처: 아이라라 심리언어상담센터

학부모와 함께 노력해야 한다. 누가?

　이런 증상을 보이는 학생은 우리는 첫 수업에서 알 수 있다. 수업에 치여 아이들의 심리상태를 놓치는 경우 아이는 그날 수업을 망치게 되기도 한다. 특별히 관심을 갖고 수업에 결손이 덜 하도록 신경을 써야 하지만 다른 친구들과 다르게 대하는 것은 오히려 행동을 강화해주는 원인이 될 수도 있다.

　수업하기도 바쁜데 다른 아이들에게 신경 쓰는 것에 몇 배의 시간과 노력이 들거나 수업 전체 분위기를 날리는 경험을 해 본 선생님이라면 해당 학생을 어떻게 유도해야 하는지 고민이 많을 것이다. 일단 선생님과 친해야 한다. 그렇다고 어리광을 다 받아주는 일은 금물이다. 여기서 말한 친함이란 신뢰를 말한다.

　'내가 선생님과 하기로 한 양의 공부를 해내면 선생님이 더 이상 공부를 시키지 않을 것이다.'라는 규칙을 수업을 반복해 가면서 인식시키고, 참을성을 길러주면 수업 내내 편안하게 공부할 수 있다. 여기서 선생님이 약속을 지키는 것이 매우 중요하다. 그래야 수업에 빠지지 않게 되고 결국 공부도 어느 정도 따라가게 된다.

　ADHD 학생은 상대적으로 낮은 주의 집중력으로 학업성취 또한 낮은 성취 수준일 수 있지만, 정서적으로 안정적인 공부를 꾸준히 진행하면 중위권 이상의 수준을 유지하는 것은 가능하다.

　우리는 가능성에 투자하는 일을 하고 있고 그런 아이로 성장해

주길 바라면서 매일 아이를 만나기 때문이다. 학부모 입장에서 성적에 욕심을 내는 것은 당연하지만 아이의 편에 서서 늘 아이를 지지하고 응원하는 선생님의 진심을 상담 때마다 표현하고 최선을 다해 공부한 흔적으로 가득한 교재를 본다면 학부모는 언젠가는 이렇게 말하게 된다.

"우리 ○○이는 ○○○만한 곳이 없어요, 선생님 안 만났으면 어쩔 뻔했나 몰라요. 항상 감사해요" 지난 교습료 인상 시 안내 문자를 공지했을 때 오히려 고맙다는 학부모님께 받은 감사한 문자가 떠오른다.

그래도 해야 할 나의 일
방법을 찾자

일을 오래 하다 보면 보람도 있지만 보람마저도 싫어질 때도 있다. 똑같이 관리를 하거나 오히려 더 신경 써 관리를 하더라도 결국 내 마음을 찢어 놓고 휴회가 나는 일도 있다. 학교를 마치고 곧바로 할머니나 엄마에게 전화를 하기 시작한다. 이러해서 안가겠다 안가고 놀고 싶다는 말을 하는 거다. 그래도 가야 한다고 부모님이 달래서 공부방 문은 여는데 이제부터 괴롭힘의 대상이 선생님이 된다. 입구에 들어서자마자 대성통곡을 하며 들어온다. 교실 바닥에 주저앉아 무작정 울고 다른 학생이 수업을 하고 있을수록 더욱 울음소리는 거세고 끝날 기미가 보이지 않는다. 손가락 사이로 틈틈이 상황을 살펴 가면서 모두의 반응을 보면서 말이다.

그런데 이런 날이 일주에 한 두 번이라는 것은 교사를 노이로제에 걸릴 정도의 심한 스트레스가 된다. 때론 이런 학생에 지쳐 공부방 문을 닫는 일도 있다. 뻔히 보이는 아이의 속마음을 알면서도 울음이 그치고 수업이 진행될 수 있기까지 기다리는 일은 같은 시간 공부하는 아이들에게 무척 미안한 일이다.

이런 경우엔 학부모와 정확하게 상담이 들어가야 한다. 일주일에 몇 회로 수업을 하면 어떨지 제안해 아이가 놀 수 있는 날을 확보해 주거나 수업 시간을 단축해 일찍 마치고 귀가할 수 있도록 사전에 서로의 이해 범위를 약속해두면 좋다.

수업이 전혀 되지 않는 상황엔 학부모에 문자를 남겨 상황을 설명해야 한다. 또는 아이가 귀가한 후 문자를 남긴다. 아이가 부모에게 전화를 하거나 문자를 하는 것을 보면 아무리 선생님이라도 흥분할 수 있기 때문이다.

나는 이 아이가 보이는 것보다 문제가 덜한 것을 알고 있었다. 그러나 아이는 이 상황을 자신에게 유리한 상황으로 충분히 이용했다. 엄격하고 무서운 선생님이면 그래서 공부방에 안가겠다 하고 다 받아주면 받아주는 대로 선생님을 가지고 논다. 학교에서도 선생님 앞 개별 책상에서 공부해야 하는 상황이었던 것을 보면 내가 받아들일 부분의 정도를 가늠할 수 있다.

간신히 달래어 책상에 앉아도 교재에 낙서만 하고 노트북으로 강의를 들려줄 땐 자신의 뜻이 관철되지 않은 불만을 노트북 키보드 하나하나 분해해 놓는 걸로 대신한다. 늘 억울하다고 하소연을 한다. 이곳저곳을 돌아다니며 말을 걸기도 한다.

전형적인 행동장애 증상이지만 때때로 능숙하게 어른의 마음을 애타게 하는 것을 보면 아닌 것도 같아 헷갈리기도 한다. 하지만 우리는 언제나 아이의 입장이 되어 고민하는 수밖에 없다.

돈 때문이 결코 아니다. 돈 때문이라면 그 시간에 다른 아이 하나를 더 입회시키거나 그 돈을 포기하길 택할 것이다. 그 고민의 까닭은 선생님으로서의 아이와 부모의 마음을 이해하는 마음 때문이다.

내가 이 아이를 그만두게 하면 이 아이와 부모가 받을 상처 때문에 포기하지 않고 함께 해주는 것이다. 결과가 어찌 되었든 맞이해야 할 퇴회의 시기가 온다 해도 서로에게 마음이 아쉬움이나 후회가 남지 않을 마지막이 되도록 최대한 노력한다.

부모가 자신의 아이가 행동장애로 어려움을 겪고 있다는 사실을 받아들이지 않는 데에 더 큰 문제가 있다. 아이의 과잉행동이 개선되기 어렵기 때문이다.

그런데 이런 경우 전문의의 치료를 받고 부터는 집중시간이 몰라보게 차분해짐을 볼 수 있었다. 어른의 마음을 이용하는 영악함은 여전했지만 이는 사회가 기대하는 고정관념일 수 있으니 결과적으로 공부에 집중시간이 다소 길어졌고 돌아다니는 일도 줄었다. 이렇게 되면 아이는 학교생활도 원만해져서 문제 행동이 확연

185

히 줄어들 것이며 자연스럽게 전체적인 아이 주변 환경이 나아지게 된다.

지켜보기만 하지 말고 조심스럽게 학부모와 상담을 통해 아이의 문제점을 인지하게 하는 것은 피하지만 말고 싫어도 현실적으로 대응해야 한다. 그래야 아이도 엄마도 그리고 나도 성장한다.

나는 이 경우 상담 파일을 열고 그간 있었던 상황을 설명하고 아이의 교재를 넘겨 가며 차근차근 이야기를 끌어간다. 교재에는 그날그날 공부한 날짜를 적어놓기 때문에 수업의 상황과 아이의 태도와 반응 등을 설명하기에 좋은 자료가 된다.

주의할 점은 참고 참다 한 번에 말을 하면 듣는 학부모는 '그걸 왜 이제 말하느냐'란 반응이 나온다. 좋은 말이 아니니 학부모는 더욱 듣기 힘들 것이므로 평소에 편안한 정도의 상담이 오갔을 경우에 할 수 있는 방법이다.

<ADHD를 극복하는 부모의 긍정적인 인식>

1. 조기에 발견하고 적극적인 치료를 받으면 좋은 예후가 있음을 인식해야 한다.

2. 아이와의 시간을 자주 갖고 공통적인 관심사를 만들어 공유하는 긍정적인 관계를 만든다.

3. 충동적 ADHD 아이의 폭발적 행동에 따뜻한 평정심으로 지켜보는 연습을 한다.

4. 아이에게 부모의 감정을 정확한 언어로 표현한다. 상황을 간단하고 명료하게 설명 후 그래서 부모의 마음이 어떠하다 는 식으로 표현하면 좋다.

5. 정돈된 환경을 유지해 안정적인 분위기를 만든다.

6. 스스로 흥분된 감정을 조절할 수 있도록 시간을 준다. 감정적인 상황에서 빨리 빠져나오도록 한다.

7. 계획표를 만들어 스스로 지키게 한다. 패턴이 있는 생활에서 편안함을 느낄 수 있다.

8. 학교나 학원 그리고 의학적 전문가의 도움을 받는다

< ADHD 아동을 키울 때의 훈육 법에 관해 >

먼저 '잘한 것', '할 수 있는데 노력 부족', '능력적으로 못 하는 것'을 구분해야 한다. 이들에게는 어려운 과제를 주어서는 한계가 있다. 즉 학생에게 가능한 과제를 제시해야 한다. 문제를 못 푼다고, 안 했다고 혼내면 안 된다. 그건 일부러 반항하는 것이 아니라 능력 때문에 못 하는 것이다.

불가능한 과제가 있다면 가능한 방식으로 바꾸어서 지시한다. 예를 들어 40분 동안 연속해서 제자리에 앉아 있을 수 없는 ADHD 아동이 있다고 하자. 그러면 40분 동안 연속해서 앉으라고 지시해 놓고 못 했다고 혼내면 안 된다.

대신에 '20분 교육 - 10분 휴식 - 20분 교육'처럼 총 40분간 앉아 있을 것을 요구하는 게 좋다. 지시를 한 번 만에 수행하지 못한다고 해서 혼내면 안 된다. ADHD의 특성상 집중시간이 짧고 금방 잊어버리며 산만해지기 때문이다.

긴 시간 동안 여러 단계를 걸쳐서 수행해야 하는 과제를 하지 못한다고 해서 혼내면 안 된다. 대신 계획표를 활용하고 짧은 시간 단위로 한 가지 주제를 마치도록 한다.

애매한 지시를 하지 말고, 한 번에 하나씩 구체적으로 지시해야 한다. 지시를 금방금방 바꾸어서는 안 되고 일관성 있게 지시해야 한다.

2. 잘한 것은 칭찬한다. 잘못된 행동을 교정하기 위해서는 잘못된 행동에 벌을 주기보다는 잘하는 행동에 긍정적인 강화를 하는 것이 보다 효과적이다. 잘못한 것을 지적하거나 야단을 치기보다는 잘하는 행동에 반응을 보이는 것이 좋다.

사소한 것이더라도, 당연해 보이는 것이더라도 칭찬한다. 예를 들어 과제에 30분이라도 집중하면 적극적으로 칭찬한다. 즉각적으로 칭찬한다. 좋은 행동을 했을 때 기다렸다가 한 번에 칭찬하는 것이 아니라, 그때그때 즉각적으로 반응한다. 스티커나 도장을 활용할 수도 있다.

출처 : 〈네이버 나무위키 ADHD 2022-05-30〉 자료를 참고해 정리

'틱'에 대해서

공부방을 시작한 꼭 1년 뒤 아이와 나는 아이 아빠와 갑작스런 이별을 했다. 아이는 일곱 살이었다. 나는 기억한다. 아이에게 그 당시 틱 증상이 있었다는 것을….

마지막 인사할 시간도 없이 떠난 아빠의 부재였다. 한 해 전 내가 크게 다쳐 두 달간 아이가 아빠와 지내는 동안도 아이에겐 틱 증상이 있었다. 그때 내가 사용한 방법은 증상을 무시하고 관심을 기울이지 않기였다.

다행히 전공이었던 교육학에서 장애아동의 증상과 문제아동의 행동 수정에 관해 관심을 갖고 공부한 적이 있어 도움이 되었다고 생각한다. 내게 이러한 지식이 싱글맘으로 아이를 키우는 데에 도움이 되었듯이 이곳에 내 이야기를 예로 적어 놓는 이유도 같은 이유에서이다.

솔직한 내 이야기가 누군가 도움이 되었으면 좋겠다. 주말 낮 동안 신나게 놀아 주고 팔베개를 하고 동화책을 읽어 주며 잠을 재워 준 아빠가 다음날 갑자기 이 세상에 없다는 것은 일곱 살 아이에게 충분히 충격이었을 것이다.

전에 엄마가 다쳐 입원했을 때처럼 아니 그 이상이었겠지만. 어느 날부터 아이는 입을 크게 벌려 턱을 당기는 행동을 반복적으로 했다. 전형적인 틱이었다.

아이의 마음을 편안하게 해주면 낫는다는 확신이 있었지만 아빠랑 병원에 와서 엄마는 입원했을 뿐 엄마가 사라지지 않았다는 것을 확인시켰던 것처럼 없는 아빠를 데리고 올 수도 없는 일이라서 고민이 이만저만이 아니었다. 그렇지만 원인도 알고 치료 방법을 알고 있으니 엄마는 단호해지기로 했다.

아이의 틱은 의도된 행동이 아니라 일정 자극에 대한 뇌의 반응이기 때문에 행동에 간섭할수록 더욱 강화된다. 스스로가 알아채지 못할 정도로 못 본 척 다른 쪽으로 관심을 돌려주는 것이 효과적이다.

같이 마트에 가서 레고 블록을 고르게 하고 집에 와서 엄마와 이야기하며 블록 조각을 맞춰나간다. 또는 엄마와 모눈종이 한 장에 펜으로 동그라미를 그려가며 오목 놀이를 한다.

이 상황을 만들어주는 것만으로 증상이 바로 사라지진 않았지만 효과가 있었다. 아이에게 그렇게 하지 말라고 말하는 것이 행동을 강화하는 역할을 하기 때문에 틱도 마음껏 하게 두고 편안하게 엄마와의 놀이시간을 즐기게 하면 된다.

아이의 틱은 아빠의 49제를 기점으로 사라졌다. 덕분에 나는 애도할 틈이 없었다. 아이에겐 틱이 애도의 수단이었던 걸까.

선생님이 개입 가능한 틱

만약 과도한 학습에 의한 틱이라 한다면 원인을 줄여주는 방법으로 틱을 소멸시킬 수 있다. 공부방에도 틱을 보이는 아이가 있을 수 있다. 수학 문제를 대할 땐 코를 킁킁거리는 소리를 연속해서 내는데 다른 수업이나 나와의 편한 일상적 대화에선 보이지 않는다는 것을 알게 되었다.

내가 쓴 방법은 '이야기하기'였다. 아이가 우선 자기 증상을 알게 했다. 아이는 5학년이기에 충분히 인식할 수 있기 때문이다. '어 ○○이는 말할 때는 괜찮구나' 아이도 '그렇네요'라고 했다. 그전까진 우리 둘 다 비염 때문이라고 믿고 있었다. 그 뒤로 공부의 양과 난이도를 조절해 주었고 아이와 공부 목표를 약속하고 딱 그만큼만 진행하여 수업 중 긴장도를 낮춰주었더니 점점 줄어들어 결국 증상이 소멸하였다.

또 한 친구는 공부할 때 연필 잡은 손을 한 번씩 떠는 증상을 갑자기 보였다. 이 학생의 경우 자기는 아빠를 닮아 그렇다고 설명했다. 아이는 내게 자신이 틱장애라고까지 말했다. 아이 가정은 이혼가정이었다. 엄마와 할머니는 아이에게 아빠 이야기가 나오면 미안함 때문인지 아이의 문제 행동에 관해 어찌하지 못했지만 나는 그런 것은 상관하지 않기로 했다. 그래야 행동을 수정해줄 수 있기 때문이다. 그래서 단호하게 '그건 네가 일부러 하는 거라는

거 선생님이 알아'라고 말해주고 '행동하지 않아도 된다'고 이야기
했다. 틱이 아닌데 틱으로 상황을 발전시키는 고의적인 행동장애
증상인 경우 내가 너의 마음을 헤아린다. 그러니 내 앞에서 편안
하게 공부해도 좋다는 메시지를 보내는 게 중요하다. 아파 보이지
않아도 선생님이 내게 관심을 가져 준다는 것을 알게 해주니 자연
스럽게 이 또한 소멸했다.

차분한 놀이 시간과 휴식 시간을 갖도록 하고 심하게 야단을 치
지 말고 스트레스 상황을 천천히 이겨내는 방법을 배울 수 있도록
자신감을 늘려주면 안정적으로 치료 효과를 볼 수 있다.

무엇보다 중요한 것은 아이를 스트레스요인을 줄여주는 외부적
요인을 조절하고 부모의 기다림과 응원이라고 말하고 싶다.

<틱장애 증상>

틱장애는 두 가지 종류가 있습니다. 운동틱(근육이 빠르게 움직이는 것)과 음성틱(목을 비우는 '에헴-' 하는 단순한 소리부터 복잡한 단어나 구절을 말하는 복잡한 소리까지)이 그것입니다. 틱 장애 증상의 정도는 미처 모르고 지나가는 약한 정도부터 아주 심한 정도까지 매우 다양합니다.

가장 흔한 틱 증상은 얼굴을 찡그리거나, 입맛을 다시거나, 코를 쿵쿵대거나, 목에서 '흠-' 하고 소리를 내거나, 눈을 자주 깜빡이는 것입니다. 보통 정서적으로 불안한 상황이나 컴퓨터 게임처럼 흥분하는 상황에서 증상이 악화됩니다. 환아는 처음에 틱을 전혀 감지하지 못하다가, 10세 정도 되면 틱이 시작되기 전에 특정한 느낌이 오는 것을 알게 되기도 합니다.

【틱】

출처 : 서울아산병원 홈페이지 질환백과 '틱'장애 증후군

제 4 장

자기관리

변함없는 진실

내가 내 인생의
주인공

메모하기
-나의 감정과의 이야기

감정조절은 일의 시작이며 끝이다. 오늘 나의 감정이 어떠한지 눈을 뜨면 곧바로 생각해본다. 눈을 좌우로 위아래로 굴리며 몇 시간이나 잠자고 있던 뇌에 신호를 전달하는 행위는 무리하지 않으면서 내가 움직일 준비를 하는 일종의 첫 일과이다.

잠들기 전 메모해 두면 좋다. 그러면 아침 내가 보내는 첫 신호에 내 뇌는 다 알고 있었다는 듯 스트레스를 받지 않아 좋다. 나는 대부분 자정이 넘어 잠이 든다. 이런저런 밤의 일정을 마무리하다 보면 그 시간이 딱 잠들기 좋은 시간이 된다. 밤 12시에 잠이 든다면 잠들기 10분쯤 전 나는 내 다이어리 또는 패드를 꺼내들고 끄적인다. 가능하면 일정한 장소에 기록해 두려고 한다. 시간을 정해놓고 해야 할 일이라면 휴대폰에 미리 알림도 설정해 둔다.

아이패드는 맥북 그리고 아이폰에 동기화가 되니 언제든 확인이 손쉽고, 늘 동행하는 A5 다이어리에 적는다. 그리고 틈이 날 때 목록을 정리한다. 한 곳에 메모들을 적어두면 좋은 점이 있다. 놓쳤던 일들을 발견해 지금 내 생각이 그때와 어떻게 달려졌는지 알 수 있어서 내 사고의 업데이트가 가능해진다.

잠들기 전 내일 내가 할 일 목록 To do list를 만들어 놓으면 눈을 뜰 때의 까마득한 아침을 경험하지 않아 여유 있는 아침을 맞이할 수 있다. 오늘 나 무얼 해야 하지? 하고 물어보지 않아도 된다.

잠들기 전 메모는 다음 날 하루 감정을 가름하는 첫 단추이며 이는 하루의 컨디션을 결정 짓기도 하고 내일의 나를 지켜주는 약속 같은 것이다. 메모하는 습관은 누구에게나 도움이 된다. 곳곳에 메모할 수 있는 메모지와 필기구를 두어 떠오르는 즉시 적어두는 습관을 가지면 좋다.

습관이 감정에 영향을 주고, 감정을 잘 조절하기만 해도 내 인생의 지도를 그리며 흔들리지 않고 살아가게 되는 것 같다.

남의 아이가 문제가 아니라 내 아이가 문제다.

우리도 한 가정의 엄마이다. 내 경우는 엄마이면서 또한 가장이다. 기혼선생님인 경우 가정에서의 아내 그리고 엄마, 딸, 며느리, 언니이며 동생이다. 여러 역할을 해야 하는 우리에게 늘 물음표를 던지게 되는 가장 큰 고민이 내 아이 문제에서는 나도 그저 엄마라는 사실이다.

아침 눈을 뜨면서 오늘 아이들과 수업할 수업을 준비하고 어제 못다 한 아이들 채점 거리들에 정신을 빼앗기다 보면 정작 내 아이는 잊혀진다. 그러다 문득 수업을 마무리 하던 중 어깨 언저리가 싸해지는 걸 느낀다. 맞다 우리 ㅇㅇ이가 오늘 준비물 뭐가 필요하다고 했었는데, 학교에서 이번 주 학기 초 상담이 있다고 했는데 올해도 못 가고 전화로 인사 드려야겠구나 머릿속으론 혼자 되 뇌이며 채점하는 손은 바쁘게 움직인다.

수업은 8시나 되어야 마치고 학교는 6시 이전에 업무가 마친다.

나도 아이가 학교를 다니는 12년 동안 딱 한 번 초등 1학년 때 담임선생님의 배려로 8시에 대면 상담을 해본 기억이 있다. 그 뒤늘 전화로 상담을 했다. 학교 선생님과 상담하기 위해선 네 시 이전에 가능하지만 공부방은 가장 바쁠 시간이다. 학교 행사도 수업이 없던 토요일에 하던 주 5회 학교 다니던 시절 아이 학예회 참석이 기억의 전부다.

공부도 제대로 시간을 내어 봐주지도 못했다. 왜냐하면 9시 반에 마치는 마지막 수업 학생이 가고 나서야 나는 아이와 눈 맞출 수 있었기 때문이다. 이미 녹초가 되어있는 나도 기다림에 지친 아이도 우린 공부보다는 하루 이야기가 더 중요했기 때문이다. 그런데 그러다 보니 엄마의 참견이 아이의 성장을 좌우하는 게 아니라는 걸 알았다.

저 스스로 해결하는 문제 해결력이란 것이 생겨나는 것 같았다. 퇴근 늦은 엄마를 둔 덕에 저절로 학습된 것이다. 잘하면 잘하는 대로 못해도 어쩔 수 없이 그 나름의 수준을 유지해가며 때론 놀랄 만큼의 결과에 기쁨도 안겨주며 나름의 성장을 해주고 있다는 걸 알게 되었다.

서울대에 보내려면 할아버지의 재력, 아빠의 무관심, 엄마의 정보력이 필요하다는 말이 있다. 하지만 바쁜 엄마는 아이가 원하는 게 필요한 게 무엇인지 제때 도움을 줄 수가 없다. 도움을 주려할 땐 이미 늦어 버리기 일쑤였다, 내 아이도 잘 챙기지 못하는 내가 남의 아이들을 책임지겠다고 공부를 가르치고 있다고 생각하면 때때로 이건 모순이다. 라는 생각에 미안하고 속상할 때가 있다.

그럴 땐 이렇게 생각하면 어떨까? 이건 일이다. 직업이라고. 누구나 직업이 생계의 수단이고, 인위적으로 내 아이의 미래를 만들어 줄 순 없지 않을까? 직업은 직업으로 충실하고 직업에서 벗어난 시간만큼은 내 아이의 엄마로 충실하면 된다. 영어 학원 숙제로 단어 시험 준비를 해야 하는 쪽은 아이 본인인 것을 서로 인정하면 된다. 나는 내 아이가 영어단어로 힘들어하고 너무 불행해하는 모습에 단호하게 영어 학원을 그만두게 하였다. 그래도 참게하고 오래 버티게 주말에라도 붙잡고 공부를 시켰다면 더 좋은 학교에 입학했을지도 모르지만 아이의 어린 시간을 단어에 매달려 지내게 하고 싶지도 않았으며 아이는 나중에 스스로 자기 단어를 공부하게 되었다. 그래서 아이의 깨달음이 아주 나중이었다는 건 미안하고, 아이가 극복하기에 고생을 했으리라 생각한다.

아이에게 모든 걸 다 걸어야 한다면 일과 병행하긴 쉽지 않다. 그러니 엄마가 자기 직업과 아이 육아에 대한 어느 정도의 이해와 양보가 그리고 타협이 필요하다는 것이다. 아이는 엄마의 뒷모습을 보며 자란다는 진리에 대한 믿음으로 열심히 살고 성장하는 엄마의 모습을 보여주자.

권리를 주장하라

나는 내가 가진 권리가 무엇인지 모르고 살았다. 내겐 책임과 의무만 있었고 그게 당연한 나 자신의 본질이라고 생각했다. 권리는 내가 알아차리지 않으면 아무도 말해주지 않는다. 적어도 내겐 그랬다. 직장에서도 집에서도 내가 마땅히 해야 할 일, 책임져야 할 일, 희생하고 봉사해야 할 일만 있었던 것이다. 내게도 권리가 있다는 것. 집에서도 직장에서도 나 자신의 권리에 관심을 갖자. "이것은 내 숟가락, 이것은 내 밥그릇" 이렇게라도 말이다. 그러지 않으면 평생 찾지 못한다. 아무도 나누지 찾아서 이것이 너의 권리라고 말해주지 않는다. 그게 원래 자본주의이다. 기계가 되고 부속품이 되어야 하는데 자신의 권리와 성장을 외치면 귀찮아진다. 하지만 앞으로의 사회는 과거의 이런 자본주의 원리를 개선해 나갈 수 있는 한 사람 한 사람의 깨달음이 함께 성장하는 사회 전반적으로 확산될 분위기로 나아 갈 좋은 경영인이 늘어날 것이라 희망한다.

<보이지 않는 곳에서 애쓰고 있는 너에게>

인간관계에서 정말 무서운 건
다 받아주는 듯하면서도
상대의 말이나 행동을
모두 지켜보는 사람이다.

웃으면서 대해주는 것 같으면서도
정말 아니다 싶을 때는
확 돌아서기 때문이다.
이들은 유심히 솔직한 것과
무례한 것을 구분하며
자신의 감정이 소중함을 알고
이들에게 시간, 감정 낭비를
하지 않기로 다짐했기에
내색은 하지 않지만 묵묵히
바라본 뒤에 조용히 멀어진다.

감정교류를 주고받는 관계에서
마음이 한 번 돌아서면
다시 돌이키기 어려운 법이나
갑작스럽게 그 사람이
멀어졌다 생각하지 말라.
아마 참고, 또 참았기 때문에
거리를 둔 것일 테니까

- 최대호 산문집 -

슬럼프에서
벗어나기
10가지 방법

명상

명상은 하루 1분이든 10분이든 괜찮다. 과학적으로도 명상의 치유 효과가 있다. 아침에 눈을 뜨고 바쁜 일정을 시작하기 전도 좋고, 가족을 각자의 일터로 보내고 집안의 창을 다 열어 놓고 거실 한 가운데 앉아 고요히 눈을 감아도 좋다. 요가 매트 위에 잠시 앉아 있는 것만으로도 머리가 맑아진다. 나를 위해 잠깐만 눈을 감고 자리를 괴고 앉는 그 순간 그것만으로도 마음이 정돈되는 것을 느낄 수 있다.

**볼륨
낮추기**

슬럼프는 외부 요인 때문인 경우도 있지만 외부 환경이 달라진 것이 아무것도 없는데도 문득 든 생각이나 걱정으로 문제가 되는 경우가 더 많은 것 같다. 나도 역시 그렇다. 내 마음속에 시끄러운 소리가 내 삶의 평온을 방해한다고 느껴지면 그땐 그 소리들의 볼륨을 낮춰야 한다. 이 소리들은 욕망에서 시작되는 경우가 많다.

욕망이 좋은 결과를 낳는 경우도 있지만 스스로 그것이 욕심이라고 여겨진다면 그리고 그게 나를 흔들고 힘들게 만든다고 생각된다면 얼마간 그 소리를 줄여놓고 그대로 살아가 보면 좋다.

그러면 그게 이룰 수 없거나 내게 필요한 것이 아니었다고 느껴진다면 자연히 내 마음에서 사라질 것이다. 물론 새로운 욕구가 생기겠지만 그것이 부정적인 것은 아니니 염려하지 않아도 된다.

내 옆에 내 길을 이끌어주는 멘토가 있다면 좋겠다. 이렇게 해라 그러면 네게 반드시 좋은 일이 생길 것이다. 이렇게 확실한 방향

독서 과 할 일을 주면 좋겠다는 생각을 할 때가 있다. 책
은 내가 생각하고 고민하는 많은 것을 작가가 미리
고민해주고 방향을 제시해 준다.

　마음을 단단하게 만들어 주고 싶다면 다양한 책이 있는 서점이
나 도서관에 가면 좋다. 나보다 먼저 아팠던, 나보다 먼저 고민하
고 갈등했던 많은 사람들이 한 줄 한 줄 그들의 사색과 고민과 결
론까지 나를 위해 적어놓았다. 책은 영원한 멘토다.

안 해본 일 사람마다 슬럼프에 빠지게 되는 이유는 많
딱 한 가지하기 다. 다만 원인을 해결할 수 없거나 그 어떤
걸로도 대체가 되지 않을 때가 문제다. 이
럴 땐 내 뇌구조에서 원인을 찾아내려 하는 게 도움 되지 않는다.
차라리 다른 세계의 무언가를 해보는 게 좋다.

　공부방을 하루 쉬고 평일 한가로운 낮의 여유를 누려보아도 좋
고, 혼자서 근사한 식당에 앉아 나에게 좋은 음식을 대접해 보는
것도 좋다. 유튜브 채널을 만들어 초보 유튜버 세상에 뛰어들어
영상을 찍어 보아도 좋다. 내가 한 번도 안 해본 일이 무엇이었지?
지금 한 번 떠올려보면 재미있을 것 같다.

\<내게 도움이 되어 준 몇 권의 책\>

엄마는 아들을 너무 모른다
 - 아들을 키우며 겪은 혼돈의 시기에 깨달음을 준 책

존리의 금융문맹탈출
 - 내 주식투자에 펀드멘탈을 만들어 준 책

금의 귀환, 돈의 비밀, 은행이 멈추는 날
 -세계금융의 흐름을 읽는 데에 기초가 된 책

당신을 마케팅하라
 - 스스로를 브랜딩할 수 있도록 자신감을 독려해 준 책

트렌드코리아 2022
 - 시대를 읽고 3년을 준비하게 해준 책

왜 유독 그 가게만 잘될까
 - 장사의 생리를 공감하며 읽은 책

강원국의 글쓰기
 - 내가 첫 책을 쓰면서 교과서가 되어준 책

미움받을 용기
 - 제목만으로도 용기를 주었던 빠져들어 읽었던 책

이기적유전자, 사피엔스
 - 인류의 욕망과 속성을 깨닫고 공감한 책

최대호산문집 '보이지 않는 곳에서 애쓰고 있는 너에게'
정영욱 '참 애썼다 그것으로 되었다
 -내 감정이 흔들릴 때 마다 머리맡에 두고 꺼내 읽는 책

UNBOUND언바운드
 -구글코리아 조용민의 혁신과 협업 내 방향에 영향을 주 책

영화 속
주인공 되기

내 삶이 영화라면 나는 영화 속 주인공이다. 이걸 모르는 사람은 없지만 늘 기억하는 사람도 많지 않다. 타인이 아무리 내 인생에 간섭해도 내 인생은 내가 선택하고 내가 짊어지고 가야 하는 평생 친구인 것 같다. 아파도 내가 아프고 기뻐도 내가 기쁘다.

누구도 나를 대신해 나보다 더 아프고, 더 기쁠 수 없다. 함께 해주는 것만으로도 고마운 일이다. 그러니 내가 주인공인 장편 드라마를 만들어보자. 지금까지의 삶이 후회가 된다 해도 지나간 일은 '나'라는 영화의 1편으로 마치고 '바로 오늘'부터 내가 주인공이 되는 나의 영화 2편을 시작하는 거다. 희망을 갖고 성장하는 나를 꿈꾸게 되고 그 꿈은 반드시 이루어질 것이다.

긍정의 말로
나를 응원하기

우리의 말엔 파동이 있다. 그 파동은 몇 광년을 거슬러 다시 지구 반대편 누군가에게 전달되고 그 파동의 영향으로 세상이 변한다는 말을 들은 적이 있다. 오늘 내가 한 말이 1년이 지나고 10년이 지나 지구 한 바퀴를 돌아 다시 내게 전달되어 그 행동을 하게 될 수 있다는 거다.

오늘의 긍정의 말이 내일의 나를 만들고 10년 뒤 나를 만들어준다는 생각으로 좋은 말 따뜻한 말 응원의 말을 내게 하자. 그리고 누군가의 말 때문에 상처받았다면 이렇게 말하자. 당신이 지금 많이 힘들구나. 당신 마음이 많이 아프구나. 당신이 위로가 필요하구나 라고 말하고 나는 내 갈 길 가면 된다.

걷 기

나는 마음의 정리가 필요하거나 결정이 어렵거나 여러 생각이 머릿속에서 뒤엉켜 있을 때 공원 산책을 한다. 의학적으로도 신체 활동이 우울증이 원인을 해소해 준다는 분석이 있다. 15분 정도만 걸어도 지방의 분해가 일어나 체중 감소에 효과가 있고, 성인병을 예방해주는 신체적인 효과뿐 아니라 걷는 동안 신경의 균형이 잘 이루어지게 해서 스트레스를 해소해 준다고 한다.

또한, 기억세포를 활성화시켜 건강한 뇌로 만들어 준다고 한다. 공부방 일과에 녹초가 되어 퇴근했을 때 오히려 이를 꽉 물고 공원에 나가 걸으면 하루 동안 쌓인 스트레스와 피로로 단단해진 머리가 말랑해지고 생각도 정리되는 경험을 할 수 있다.

떠나기

'떠남'은 완전하게 다른 세상으로 나를 이동시킨다. 언제든 현재의 위치로 한 시간 이내에 돌아올 수 있는 곳 말고 세상으로 훌쩍 떠나야 한다. 그래야 온전히 새로운 세상 속에 스며들어 그곳의 내가 될 수 있다. 단 몇 시간이어도 좋다.

그곳의 마을 사람이 되어 하늘을 보고 풍경을 보면 내가 고민하던 일이 별것 아니라는 것을 깨닫게 되기도 하고, 의외의 아이디어로 슬기롭게 고민을 해결할 수 있기도 하다.

잘 먹기

공부방 일이란 일이 딱히 정해진 출퇴근이 없고 내가 정한 시간이 출근이고 내가 정한 시간이 퇴근인 일이 되곤 한다. 내가 정한 시간이 점심시간이고 저녁 시간이 된다. 일에 몰두하다 보면 제때 먹는 것이 쉽지 않고, 1시부터 시작되는 수업인 경우 12시에 점심을 먹고 저녁 8시가 넘어 마치는 수업인 경우 9시가 넘어 저녁 식사를 하게 되는 일이 일상이 된다.

나도 10시에 수업을 마쳤던 몇 년 간은 저녁은 챙기며 일을 했었는지도 기억에 없다. 공복이 길다 보니 허겁지겁 놓친 끼니를 챙기려고 대충 먹는 일이 흔하다. 음식이야말로 내 몸을 만드는 요소인데 그동안 나도 음식 먹는 일을 소홀히 했다는 미안함이 생긴다. 가능하면 적당한 시간에 가능하면 좋은 음식으로 내 몸을 만들어주자. 좋은 음식을 보면 기분이 좋아지고 우울함도 속상함도 치료가 된다.

공부방도 직장, 퇴근하기

공부방은 직장이라 했다. 그러니 우리는 퇴근도 해야 한다. 그래야 사는 재미가 있고 일도 즐겁다. 100세 시대를 사는 우리는 오래 일해야 한다. 나 자신을 위해 그럴 힘을 길러야 한다. 하루 이틀로 그만둘 수 있는 일이 아니고 우리 평생을 해야 하는 일이라면, 일은 일단 즐거워야 한다고 생각한다.

일이 즐겁기 위해서는 '오늘 너무 지쳤어, 이 일은 지겨워!'라고 할 때까지 일하는 게 아니라 내일 할 일 내일 내가 꼭 적용해 보고 싶은 아이템이 떠올라 내일 출근이 기다려지는 일로 만들어야 한다. 그러니 우리는 퇴근을 해야 한다.

공부방 일에만 온종일 매달려 일 한 분량이 아마 내가 그간 15년 일한 날 중 70~80%를 차지할 것이다. 그렇게 했기에 지금 이런 말을 할 자신이 생겼을 진 모르지만 급변하는 세상의 흐름에 비추어 보았을 때 우리 일도 다른 직장처럼 퇴근을 해야 한다는 것이다. 적정시간 일하고 남은 시간은 공부를 해야 한다. 세상에 앞서기는 어려워도 세상과 나란히 갈 수 있어야 오래 일할 나로 매일 업그레이드시킬 수 있다. 그리고 충분한 휴식을 해야 머리도 맑아 하루를 살아도 똑똑하게 살 수 있다.

10년 전 KB금융지주 경영연구소에서 발표한 개인사업자의 창.폐업 특성 및 현황분석 자료를 접하게 되었다.[4]

이에 따르면 개인사업자 평균 생존 기간은 3.4년으로 생존 비율은 24.6%에 불과했다. 절반은 3년 내에 휴/폐업을 한 것이며, 휴.폐업률은 창업 후 2년간 급증하여, 3년까지 높은 수준을 유지하다, 5년 이후 안정세로 접어든다. 창업 순 소득은 창업 전보다 평균적으로 16.2% 하락하였는데, 창업 후 소득이 유지되는 업종으로 학원, 교육 서비스업이며 이를 제외한 나머지 업종은 평균 50%이상 창업 전보다 소득이 감소한 것으로 나타났다.

이는 창업 준비 부족이나 업종의 쏠림 현상 및 고정비 부담 등의 다양한 부진요인이 있는 것으로 보이며 준비기간이 짧고, 사업

---

4) KB경영정보리포트 2012-12호/KB금융지주경영연구소, 소상공인진흥원 소상공인지원센터 자료 참고

체 운영 경험이 적고 차별화를 하지 못하는 점 등이 요인으로 분석된다. 개인사업자 창업 및 운영의 문제점 등으로는 자금조달이나 입지 선정, 운영 노하우 부족, 정보 부족, 업종 선택이 비중을 차지했고, 대부분 정보습득 방법도 지인을 통한 개인적인 정보취득의 취약한 정보력도 알 수 있었다.

나는 이 자료를 찾아보고 분석하면서 새로운 결론을 내리게 되었다. 내가 24%에 들어가기 전까지 10년의 기간이 필요하고, 그리고 최소 5년은 생존해야 향후 5년을 살아남을 수 있다는 것이다.

물론 20, 30대에 시작한다면 5년을 버티어 자리 잡을 시간이 충분하다. 그리고 폐업의 상처도 빨리 딛고 일어설 수 있고, 다른 일을 시작하기에 충분한 시간이 있다. 그보다 늦은 시기에 시작한다면 까마득하게 느껴질 수 있다. 마음만 조급해지기 마련이다. 몸으로 일하기도 전에 이미 지친다.

그렇지만 40~50대에 시작한다면 장점도 분명히 존재한다. 미혼일 경우를 제외하고, 공부방 사업을 20~30대에 시작했을 경우 육아와 병행해야 하므로 누군가의 도움이 절실하다.

하지만 40대로 넘어가면서는 아이들도 성장하여 스스로 제 일을 어느 정도 해낼 수 있다. 쉽게 말해 학원 정도 시간 맞춰가고 학교생활도 부모의 손이 덜 가도록 스스로 해 나간다는 의미이다. 그러니 열정을 갖고 수업은 하되 퇴근하면 자기가 할 일을 찾아 해도 좋겠다는 생각이다. 새로운 일에 관심을 두는 것도 재미있지만, 그렇지 않다 해도 괜찮다. 내가 하고 있는 공부방 일에 부가적인 무언가 생산적인 일이면서 일과 무관하지 않다면 더욱 좋겠다.

예를 들어, 나의 경우 공부방 운영 이외에 프랜차이즈 공부방 기업에서 매달 교육 강의를 하고 있고, 블로그나 인스타로 나의 일상을 공유하고 유튜브로 콘티 준비부터 제작 영상편집까지 전 프로세스를 진행하고, 글을 쓰는 일도 소소히 하고 있다.

이렇게 할 수 있는 건 내가 나도 퇴근을 하기로 마음먹은 후부터 가능해졌다. 또한 퇴근 후 내가 하고 있는 일을 공부방 사업과 밀접한 일들로 구성했기 때문이다. 이를 내 개인 기준에서의 관련 다각화5)라고 할 수 있지 않을까?

꼭 그런 일만 가능할까? 절대 그렇지 않다. 관련 다각화의 개념에서 보자면 좀 더 확장성이 있을 뿐이다. 내가 좋아하는 일, 내가 하고 싶었던 일을 하는 것이다. 어떤 사람은 직장생활을 하면서 주식투자를 공부하고 어떤 사람은 전업주부로 하루를 온전히 가족에게 바쳐 지내지만 가족들이 각자 자기 시간을 가질 때 자신의 공간에서 자신만의 영상을 만들고 블로그를 만들어 인플로언서가 되기도 한다.

그리고 반드시 퇴근 후 일이 어떤 결과물을 내야만 하는 것도 아니다. 하지만 우연히 그 길이 펼쳐질 가능성도 충분하다. 그러니 '나도 좀 퇴근을 하자'고 적극 권하고 싶다. 세상이 변하는 중심에 나를 놓아보자. 영국에선 20대 청년들이 아날로그로 돌아가 LP판을 소장하고 그래서 다시 공장에서 턴테이블을 찍어낸다.

---

5) 관련다각화(關聯多角化)란 현재의 사업과 관련이 있는 분야에 진출하여 상승 효과가 있는 경영 자원과 기술을 공유함으로써 성장 기회를 확장하려는 기업 경영 전략이라고 한다.

아날로그면 어떤가? 우리가 뒤쳐진 건 아니니 지금 이순간 내가 할 수 있고 하고 싶었던 일이 무엇인지 꼭 찾아내면 좋겠다. 내 직장에서 최선을 다하고 퇴근하여 나를 보살피고 챙겨 직장에서의 보람과 나를 찾는 보람 둘 다 해보자. 그러면 더 오래 더 즐겁게 일할 수 있다.

"

우리가 다른 사람들과 맺는 관계가
우리 삶의 행복을 좌우한다.

"

“

어린이 교육은

과거의 가치 전달에

있는 것이 아니라

미래의 새로운 가치창조에 있다.

”

존 듀이 (교육학자)

나를 응원해 줄 사람

항상 잘할 수는 없다

아이들과 함께하는 시간

우리는 아이들을 통해 보람을 얻는다. 또한 상처도 받는다. 학부모의 말 한마디에도 민감해 온종일 신경이 쓰이고 일을 하면서도 마음의 불편함을 견딜 수가 없다. 그런데 이것이 당연한 일이다. 고객의 크고 작은 불만을 막론하고 민감해진다는 것은 우리가 일을 잘하고 있고 열심히 하려고 노력하고 있다는 증거이다.

우리 일의 특성상 눈을 뜨는 순간부터 잠자리에 들기 직전까지 언제 올지 모르는 학부모의 연락이 대기하고 있다. 기분 좋은 신규상담 연락일 수도 있지만 문제가 있어 울리는 학부모의 상담 전화일 수도 있다.

수업 중 걸려올 때도 있고 밤 10시에 걸려올 수도 있다. 주말에 학부모의 전화는 거의 안 좋은 소식? 이다. 그런데 이렇게 생각해보면 어떨까. 그간의 나의 노력이 이 정도 뿐이었나 라는 사실에 속상하지만, 나도 이제 이 무거운 책임감에서 벗어나는구나.

최근 몇 년 전부터는 학부모의 갑작스러운 전화벨에 심장을 쓸어내리지 않기도 결정했다. 회원이 많아 배가 불렀다. 그런 말을 듣더라도 상관하지 않기로 했다. 내가 더 소중하기 때문이다.

학부모의 한마디에 스트레스를 받는 건 당연하다. 그걸로 되었다. 내가 시간에 충실했다면 되는 것이다. 소비자는 언제나 불만을 가질 준비가 되어있다. 한 팩의 반찬을 고르거나 한 잔의 커피를 마실 때도 늘 가던 반찬가게이고 단골 카페라 해도 그날따라 맛이 없게 느낄 때가 있다. 들어가던 재료가 다를 수도 있지만 그날 내 입맛이 컨디션에 좌우되었을 수도 있다.

공부도 마찬가지이다. 아이는 아직 공부를 잘할 준비가 되지 않았는데, 늘 잘할 수도 없는데 부모는 아이가 배운 것을 완벽히 이해를 못해 온다고 아이를 다그칠 수 있다. 공부방에 가서 1번부터 20번까지 모두 다 설명 다시 듣고 오라고 아이가 교재를 펼쳐 들고 왔다.

이때 우리는 어떻게 하면 될까. 아이에게 꼬치꼬치 물어 어제의 좋지 않았던 기억을 되살리게 할 것인지 아이 마음에 들어가 당시 상황을 대략적으로나마 이해해 보려고 해 볼 것인지 이건 순간의 결정이다. 그리고 몸에 배인 습관이기도 하다. 그 문제를 아이가 한 번 들어서 완벽히 이해하지 못할 수 있다.

그렇지만 아이에게 이렇게 말해보면 어떨까 "ㅇㅇ이가 몰랐고 이해 안 되는 문제가 있었구나. 어제 열심히 했는데 속상했겠다. 자리에서 한 번 더 문제를 보면서 이해 안 되는 부분만 체크해 오면 어떨까? 모두 다는 힘들 수 있으니 1번부터 10번까지만 오늘은 해보자."

때론 이런 전화도 걸려 온다 "공부방에 아이들이 많아서 우리 아이가 케어가 안 되는 모양인데 ..." 정말 속상한 학부모의 말이다. 마음 상해 말 것! '그렇구나! 그렇게 생각할 수도 있다' 이렇게 생각하면 된다.

공부방 상황을 모르는 게 당연하다. 내가 얼마나 열심히 했는데 하며 배신감도 느끼겠지만 '그래 내게 기대가 크구나' '기대를 크게 하게 내가 그간 열심히 했구나'라고 생각하자.

아이들의 성적은 결국 공부방 선생님에게 원망의 화살이 돌아올 수 있다. 그럴 수 있다고 생각해야 한다. 그런 뒤 우린 다시 툴툴 털고 일어설 수 있다. 우리에게 그 아이뿐이 아니므로. 더 많은 아이들이 나의 최선을 기다리고 오늘도 달려올 것이니까. 더 크게 더 멀리 보는 게 내 공부방을 건강하게 한다.

"그만둔다"는 말

이사 가게 되었다고
시간이 안 되어
가정형편이 어려워
아이와 공부로 싸우기 싫어서
학교 시험을 못 봐서
전문학원으로 보내려고 등등

공부방을 하면서 마음 아픈 그 말

나도 마음을 준비했다면 밤새 뒤척이지 않았을까?
누군가를 떠나보내야 할 때
힘들다는 건
그만큼 내 마음을 주었다는 것

너무 아프지 말자

아프다는 건
잘하고 있다는 것이니까

멘토는 꼭 필요하다.

멘토의 뜻은 조력자를 뜻한다. 멘토라는 말은 오디세이아에 나오는 오디세우스의 충실한 조언자의 이름에서 유래한다. 오딧세이가 트로이전쟁에 출정하면서 집안일과 아들 텔레마코스의 교육을 그의 친구인 멘토에게 맡기고, 오디세이가 전쟁에서 돌아오기까지 무려 10여 년 동안 멘토는 왕자의 친구, 선생, 상담자, 때로는 아버지가 되어 그를 잘 돌보아 주었다고 한다.

그 이후로 멘토라는 그의 이름은 지혜와 신뢰로 한 사람의 인생을 이끌어주는 지도자의 동의어로 사용되고 있다고 한다.

> **❝내게 좋은 영향을 주는 세 가지 사람이 있다고 한다.
> 내 존재 자체를 칭찬해주는 친구 같고 스승 같은 사람
> 나와 함께 공부할 수 있는 도반 같은 사람
> 나를 확대해주어 성장시켜주는 사람이다❞**

내게도 공부방을 시작하면서 지금까지의 나를 보아오고 있는 친구이자 조언자인 멘토가 있다. 나는 프랜차이즈 공부방을 시작했기 때문에 지점 사무실에 출근하면 동료 교사들을 늘 만날 수 있었다. 그녀도 자신이 나의 멘토가 될 줄은 몰랐을 것이다.

왜냐하면 그건 나 스스로 그녀를 따라 배우기로 결정했기 때문이다. 중등수학 문제를 같이 풀고 중학생 아이들을 줄 교재도 만

들고 둘이 머리를 맞대고 일하면서 우리 둘은 둘도 없는 친구가 되었다. 나보다 4년을 앞서 입사한데다 나이 차도 있어 선배는 늘 내게 좋은 스승이며 친구였다. 인생에 지침이 되어준다. 그저 친한 친구 말고 내게 진심인 멘토는 지금의 나를 있게 한다.

나의 멘토가 나의 성공을 가름한다. 그러니 누가 멘토를 만들어 주는 게 아니라 스스로 찾아야 한다. 그리고 나도 누군가에게 진심인 멘토가 되어주자.

개인 공부방을 하는 경우는 같은 일을 하는 사람 중에 멘토를 찾기 어려울 수 있다. 이런 경우엔 역사 속에서 찾아보면 좋겠다. 역사책을 펼쳐 들면 그 안에서 나의 멘토를 찾을 수 있다. 우리가 역사를 알아야 하는 이유는 과거 안에 현재의 답이 있기 때문이다. 선인들도 우리가 지금 하는 고민을 똑같이 하지 않았을까?

그들은 나보다 먼저 살아 낸 인생 선배가 된다. 그들의 인생에서 내가 어떻게 살 것인지 어떤 결정을 해야 하는지 답을 들을 수 있을지도 모른다. 역사 속 멘토는 실제 인물들의 삶을 볼 수 있다. 내가 걸어갈 단 한 번뿐인 인생을 그들의 삶에서 답을 들으며 차근차근 도움도, 위로도 받을 수 있다.

내게 주어진 환경이 평온하고 따뜻한 온실이 되어 줄 수 있을 것이다. 하지만 우리 삶은 총량이라는 게 있다고 한다. 경중이 있을 뿐 누구나 멘토의 삶을 통해 자신을 다시 한 번 추스르는 기회를 가지면 좋겠다.

정도전은 어머니가 노비여서 관직에 한계가 있었다. 당연히 집안 살림도 어렵고 깐깐한 성격 탓에 직장에서도 쫓겨난다. 결국 7년이나 유배를 가고 그곳에서 극복하기 힘든 자신의 삶과 백성의 모습을 본다.

신분의 한계로 인한 한계를 깨닫고 관직 생활을 못하게 하는 세상을 바꾸자는 다짐을 한다. 이성계를 통해 조선의 기틀을 닦은 사람이 바로 정도전이다. 새로운 질서와 틀을 만든 것이다.

고려를 배신하고 새로운 나라를 만들었다는 점에선 견해차가 있을 수 있으나 자신의 현실에 안주하지 않고 새로운 대안을 제시해 자신의 삶 뿐 아니라 세상을 고치겠다는 대안을 현실화 시켰다.

추천도서: 최태성 〈역사의 쓸모〉

나는 혼자가 아니다. '함께 가자'

공부방을 운영하면서 슬럼프에 빠지는 일은 주기적인 것 같다. 내 경우 슬럼프가 오는 시기가 분명하다. 무언가를 해야 하는 데 하기 싫거나 방법조차 떠올릴 에너지가 없을 때다. 바쁜 신학기 준비를 마치고 그다음 일을 준비하기 전 그사이, 일을 시작해야 하는데 나는 그 일을 할 생각도 못했는데 다른 동료 누군가는 벌써 준비해서 일의 결과를 마주한 순간, 어디서부터 시작해야 할지 손에 잡히지 않는다. 바로 슬럼프 징후다.

공부방으로 성공한다는 건 수업만 해서 유지되고 발전되는 것이 아니라 꾸준한 피드백으로 이루어지는 것이다. 자잘하게 신경 쓸 일이 많은 사업이다. 수없이 많이 겪은 일련의 과정을 되짚어보면 이럴 때 나는 한 걸음 물러서서 내가 생각지 못한 일을 척척 해나가고 있는 그를 지켜보았던 것 같다. 또는 아예 못 본 척 눈을 감아버린다. 외면해버린다. 그렇게 며칠을 지낸다. 그러면 내 마음이 서서히 평정을 찾는다. 그리고 내 방식으로 공부방 이벤트를 준비하거나 이번엔 그냥 간단한 간식 박스로 넘기기로 결정 한다. 그런데 또 다른 방법이 있다.

그가 어떻게 했는지 다가가 물어보고 도움을 요청하고 '따라 해 보기'를 하는 것이다. 몰랐던 방법인데 너무 고맙다고 차 한 잔을 함께 마신다거나 식사를 함께 한다. 나름의 고마움을 표현한다. 내 마음은 평온을 찾는다. 그 덕분에 배우게 되었고, 내 공부방 운영에 팁을 얻었고 더불어 나도 해냈다는 성취감도 얻었다. 한 숨 돌릴 수 있게 되는 것이다. 다음엔 내가 그에게 도움이 되면 좋겠다는 마음이 생겨 미래 나눔의 마음에 마음도 푸근해진다. 함께 성장하고 우린 친해진다.

공부방 교사라는 직업군은 아이들에게 무얼 더 해줄 수 있을까로 경쟁하고 협력한다. 이건 공부방 교사들의 직업적 특성인 것 같다. 내가 더 잘하고 싶은 의지는 우리 공부방에 다니는 아이들에게 득이 된다. 시험 예상 문제지 한 장에 목숨을 건다. 시험 족보를 분업해 단원별로 만드는가 하면 수업방식을 공유하고 고민을 서로 의논한다.

내가 공부방을 시작한 지 얼마 되지 않았을 땐 선배 교사들의 과년도 시험지 자료가 가장 부럽고 욕심이 났다. 나도 좀 나누어 주면 좋겠다는 마음에 주변을 서성였다. 복사할 기회를 주는 선배 교사에게 난 머리가 땅에 닿게 인사했다. 나도 도움을 받았고 지금은 도움을 주기 위해 오전 첫 강의도 고사하지 않고 새벽 6시 반 시동을 켜고 핸들을 잡는다. 1년 열두 달 꼬박 10년 차 신입 교사들을 만나러 입문교육장에 한 달에 한 번 달린다.

나를 찾는 어디든 달려갈 마음은 변하지 않을 것 같다. 출근할 지점이 있는 프랜차이즈 공부방은 지점에서 찾아보자. 혼자 운영하는 개인 공부방 교사의 경우 카페나 밴드를 통해 공감할 수 있고 공유할 수 있는 공유의 장을 찾아보자.

<고통을 함께 나누면 더 행복해지는 이유>

미국 UCLA 의 스티브 콜(Steve Cole) 교수의 연구에서 자기 자신의 행복을 우선시하는 사람과 다른 사람의 행복을 우선시하는 사람들의 뇌를 비교했더니 전자의 뇌가 오히려 스트레스 지수가 더 높았고 후자의 뇌가 더 행복감을 많이 느꼈다.

왜 그럴까? 나 자신'에게만 주의와 관심을 기울이며 살 때 우울감과 불안이 더 올라갈 확률이 높다.

우울증과 불안장애들의 경우 긴장되고 불행감이 높은 순간들일수록 타인과 연결된 느낌이 더 낮아진다.

'나는 왜 이렇게 살지? 나는 왜 남들만큼 행복하지 못할까?'

나에게만 집중된 생각의 덫에서 빠져나올 수 있는 가장 좋은 방법이 누군가 다른 사람의 행복을 기원하며 좋은 일을 해 주는 거라고 한다.

'내가 이렇게 힘든데 어떻게 다른 사람까지 생각해?'라는 질문은 한 번 거꾸로 생각해 보아야 한다. 뇌 과학적으로 보면 다른 사람을 나의 관심 안으로 데려올 때, 오히려 나 자신의 고통을 극복할 수 있는 힘이 생기기 때문이다.

다른 사람을 공감하는 연민의 감정을 영어로는 고통을 함께 느낄 수 있도록 마음의 문을 열고 관계를 맺으며 나 자신에게만 집중된 관심을 타인에게 넓혀 갈 때 우리는 더 행복해질 수 있다.

- 장동선 뇌과학 박사의 글 -

"

흐르는 물에 손을 넣어보지 않고서는
물의 온도를 알 수 없다.

스스로 도전하지 아니하고
나의 가치를 정하는 것은
너무나도 어리석지 아니한가.

도전해보아라.
그대가 얼마나 뜨거운 사람인지….
경험해보아라.
그대의 뜨거운 열정을….

"

끊임없이
도전하고 성장하라

성공보다 성장이 핵심이다.

성장을 위해 노력하는 선생님

책 〈수도자처럼 생각하기〉에 부처님은 "남들이 하는 것이나 못하는 것에 신경 쓰지 말고, 내가 하는 것이나 못하는 것에 관심을 가져라"라 하신다.

나도 그렇다. 나도 그랬다. 나보다 더 잘하는 동료를 보는 게 스트레스가 되었던 적이 있다. 더 싼 값에 더 많이 오른 지인의 아파트 시세를 알면 배가 아팠다. 그게 성장인 것 같다. 성장을 위한 시간이었나 보다. 나보다 더 잘하는 동료를 응원할 수 있게 되는, 더 잘 산 지인의 아파트를 진심으로 잘 샀다고 축하해줄 수 있게 되는 그런 시점이 언젠가는 온다.

그때까진 동료의 모습이 밉고, 그 아파트 옆길을 지나갈 때마다 속이 상하다. 내가 가진 것을 소중히 여기면서도 그것으로 만족하지 못하는 거다. 남이 가진 것도 남의 행운마저도 다 내 것이어야 하는 쓸모없는 욕심으로 내가 나를 괴롭히는 잘못을 오랫동안 하며 살았다. 내게 미안해하면서도 틈틈이 욕심이 올라올 때는 있다. 앞으로 더 수양이 필요할 듯하다. 조금씩 나아지지 않을까.

내가 가진 것 내게 주어진 것 내가 할 수 있는 것을 찾아보면 좋겠다. 우린 지금 이대로도 할 줄 아는 게 많다. 맛있는 음식도 만들 수 있다. 검색창엔 음식 레시피 뿐만 있는 게 아니라, 인생 조언부터 스피치의 달인이 되는 비법까지 가득하다. 우리가 그동안 해온 일이 얼마나 되는지 생각해보자. 굳이 전에 했던 직업을 꺼내지 않아도 지금 하고 있는 공부방만으로도 충분히 "나 열심히 살고 있어"라고 말할 수 있다.

눈을 뜨면 가족을 보살피고 공부방 수업에선 학생들을 챙긴다. 공부만 가르치는 게 아니다. 공부하기 싫어 머리 쓰는 아이들의 머리 꼭대기에서 어찌 되었건 공부방에 온 보람을 만들어 주려고 애쓴다. '선생님, 저 필통 공부방에 있어요?', "응, 선생님이 챙겨 놓았어. 걱정 말고 내일 와."까지…. 아이들과 소통 하나하나를 챙기는 일은 공부방 선생님의 일과다. 중간 중간 학부모와 소통도 한다. 아이들이 수업 중 문제가 생기지 않도록 나의 촉각은 안테나처럼 움직인다.

공부방에서 나는 머리 위에 기다란 두 개의 레이더가 달린 느낌이다. 그러면서도 모르는 문제를 들고 온 아이에게 집중해 도움을 준다. 인강을 듣던 아이가 갑자기 와이파이가 안 잡힌다거나 사이트 접속하는 시스템에 문제가 생겼을 때 뚝딱뚝딱 오류를 고쳐 동영상을 재생시켜준다.

그 사이 화장실에 간 아이가 실수를 했다 해도 문제없이 해결한다. 아이들에게 슈퍼맨, 슈퍼우먼인 우리를 아이들은 뭐든 잘하는 해결사인 줄 안다. 공부방에서 일어나는 일들은 스펙터클 하다.

나는 내 아이 6살 되던 해 봄부터 싱글맘으로 아들 하나를 키워 낸 엄마이고, 공부방으로 벌어 현금을 주고 몇억 대 집과 좋은 차도 샀다. 내가 사랑하는 제주에 작은 거처도 하나 마련해 두고 싶다. 숨을 좀 쉴 공간을 갖고 싶기 때문이다. 사람에겐 숨고 싶은

231

동굴이 필요하다. 그러니 앞으로도 더 열심히 돈을 벌 것이다.

생각해보면 꾸준히 벌어서 내 노후는 내가 책임지고 살 수 있다면 그것으로 감사한 일이다. 내가 내 책을 써서 낼 수 있는 능력도 생겼다. 공부방을 생계 수단으로 일하며 10년 넘게 선후배를 위해 많은 강의도 하고 있다. 대단하진 않지만 용기를 내어 동료들에게 힘을 줄 책을 내었다. 그걸 바로 보아준 분이 계셨고, 그리고 지금의 내가 있게 되었다.

내 의지만으로는 될 수 없는 일들이 내게 하나둘 만들어진다. 앞으로 내게 남은 기회가 얼마일지 상관없이 내게 주어진 길이라는 판단을 하면서 그 길을 갈 것이다.

내 일은 내 의지만으로 되는 것은 아니다. 지금을 잘 지내면 그다음이 기다리고 있다는 걸 이젠 안다. 도전할 용기만 있으면 된다. 공부방을 할 수 있는 능력이면 웬만한 일은 다 할 수 있을 거라 생각한다. 우리는 이미 N잡러이며 얼마든지 해 낼 능력이 있다.[6]

---

6) N 잡러 :2개 이상의 복수를 뜻하는 'N', 직업을 뜻하는 'job', 사람이라는 뜻의 '러(-er)'가 합쳐진 신조어로, 4차 산업혁명과 주 52시간 근무제 등 근로환경이 시대에 따라 변화면서 생긴 개념이다. 이들은 생계유지를 위한 본업 외에도 개인이 지닌 재능을 발휘하여 경제적 소득뿐만 아니라 자아실현으로까지 연결한다. 특히, '평생직장'이라는 개념이 없어진 MZ세대는 취업을 했더라도 자신이 가지고 있는 목표를 성취하기 위해 부업이나 취미활동을 즐기면서 퇴근 후 시간이나 주말을 보낸다. 한편, N잡러로서 활동하는 직업 중 대표적인 예로는 '1인 크리에이터'와 '배달 아르바이트'가 있다. 1인 크리에이터는 SNS매체가 발달하고, 시간이나 장소의 제약이 크지 않아서 진입장벽이 낮은 점에서 인기가 많다. 또한 '배달 아르바이트'는 일정 시간의 사전교육을 듣고 스마트폰에 앱을 설치하면 누구나 쉽게 시작할 수 있어서 많은 사람이 선호한다. 이 밖에도 비누, 향수, 방향제 등 집이나 공방에서 소소하게

구독자 3,400만의 SNS의 대가이며 NFT의 선두주자이자 뉴욕타임즈가 선정한 베스트셀러 작가 게리 바이너척(Gary Vaynerchuk)은 '부와 성공을 부르는 12가지 원칙'에서 우리는 이미 부와 성공을 부르는 원칙을 행동하고 있었다고 말한다.

감사, 자기 인식, 책임감, 긍정, 공감, 친절함, 끈기, 호기심, 인내심, 확신, 겸손, 야망의 12가지의 원칙을 제시한다. 이 12가지 원칙은 공부방 선생님인 우리에게 더 밀접하게 연관성을 갖는다.

이 글을 읽는 선생님들도 12가지 단어들을 나열한 후, 한 줄씩 내용을 적어보면 어떨까. 내용은 다를 수 있지만 아이들을 잘 가르치고 학부모와 공감하며 고소득을 얻고 싶은 목표는 같지 않을까.

만들 수 있는 물건들을 판매함으로써 자신의 취미를 또 하나의 직업으로 연결하기도 한다.

출처: 시사상식사전, pmg 지식엔진연구소

게리바이너 척의 12가지 단어로 만드는
나의 부와 성공을 부르는 전략

- 감사: 나를 선생님이라 불러주는 아이들에 대한 감사
- 자기 인식: 현재 공부방 운영자로서의 나에 대한 자기 인식
- 책임감: 학부모와 함께 키운다는 티칭과 코칭자로서 책임감
- 긍정: 내 일에 대한 보람과 선한 영향력
- 공감: 꾸준한 자기개발을 통한 고객과의 공감
- 친절함: 모르는 문제를 몇 번이고 잘 알려주는 친절함
- 끈기: 포기하지 않고 공부하는 아이로 만들어 주겠다는 끈기
- 호기심: 아이들 세상에 관한 호기심
- 인내심: 소리치지 않고 차분하게 바라봐주는 인내심
- 확신: 꾸준함으로 성공할 수 있다는 확신
- 겸손: 아는 척하지 말고 세상을 공부하고 배우는 겸손한 마음
- 야망: 더 나은 공부방으로 성공하겠다는 야망

그리고 하나 더

- 관심 : 작은 변화에도 알아봐 주고 말 걸어주는 관심

교사의 언어 : 말과 글

교사의 언어는 일관성이 있어야 한다. 공부방에서 교사는 행동과 언어로 수업을 이어간다. 교사의 행위에도 근거와 결과가 따라야 하듯 교사의 언어는 그 무엇보다 일관되어야 한다. 사람이 어찌 그렇게만 할 수 있을까 반문한다면 나는 이렇게 말하고 싶다. 공부방 선생님이니 가능하며 그러기에 그래야만 한다고 말하고 싶다. 특히 우리는 사람을 만들어내는 책임을 가졌기에 그 까닭에 당위성이 있다.

월요일부터 금요일까지 정해진 시간에 공부방에 입실하고 교사의 말은 학생의 수업의 질을 결정한다.

모든 학생에게 동일한 언어의 높낮이가 중요하다. 언어의 높낮이는 생명을 가진 모두에게 전해진다. 이것이 중요한 까닭은 수업을 하러 온 아이의 학습 컨디션을 좌우하기 때문이다. 무조건 친절 무조건 화창할 순 없다.

그러므로 언어의 일관성이 필요하다. 편안한 높낮이, 부드러운 말씨가 아이가 안정된 학습 분위기 안에서 온전히 학습에 전념하게 하고, 또한 위안을 받으며 시간을 지내게 한다. 그렇다. 아이들은 위안이 필요하다. 공부방은 공부만 잘 가르치면 된다고 생각한 적이 있다. 시간이 흐르니 공부를 가르친다는 말을 다시 해석하게 되었다.

지식은 온전히 학습자의 뇌가 능동적으로 반응해야 전달하고자 하는 만큼 전달된다는 것을 깨달았다. 그걸 깨닫는 데에는 길지 않은 시간이 걸렸지만 깨달은 것을 행동하기까지에는 꽤나 긴 시간이 걸렸다. 교사가 학생에게 지원할 수 있는 범위도 정해 두어야 한다. 어느 선까지 내가 포용하며 끌고 당겨 줄 수 있는지 선을 정해두면 좋다. 그 이상의 범위는 부모님께 맡겨야 한다. 부모님과도 나누어 함께 키워가야 한다. 그러면 싸움이 없다.

공부방에서 흔히 볼 수 있는 장면들. 교사가 학생과 싸우는 모습이다. 치고받고 싸움이 아니다. 기 싸움이다. 이 기를 누가 키웠을까? 생각해보면 나의 기는 내 부모와 내가 자란 환경에서 만들어진 것이다. 그것들은 오랜 시간 나와 함께 나를 구성한 것이다. 마찬가지로 아이의 기는 태아 시절부터 몸속에 누적되어 세포 하나하나를 만들고 그 세포들로 만들어진 아이가 내 앞에 앉아 공부하고 있다고 생각하면 된다.

공부방의 하루에서 나의 주인공은 아이들이다. 원장인 내가 주인공이 아니라 아이가 주인공이 되어야 한다. 아이에게 무조건 '선생님이 다 옳다'라는 오만을 내세우지 말아야 한다.

아이에게 질문을 통해 관심과 사랑을 표현해야 한다. 아이에 대한 관심은 내가 너를 사랑하고 있다는 가장 큰 표현이다.

'너를 위해 선생님이 있는 거야'

'선생님이 도와줄 거야'

이 말이 아이들을 주인공으로 만들어 준다.

아는 척하지 말자. 선생님도 모르는 것이 있을 수 있다. 기억나지 않을 수 있다. 모르는 것은 부끄러운 것이 아니다. 함께 찾아보고 연구해보면 된다. 정말 부끄러운 것은 선생님이라고 모르는 것을 아는 척하는 것이다. 귀가 아닌 마음으로 들으려 하면 아이가 보내는 신호에 안테나를 세우는 마음이 된다. 그러면 아이는 마음을 연다. 나의 주인공이 오늘 기분 좋은 공부를 한다.

● 공부방에서 하지 말아야 할 선생님의 말
1. 공부방 문을 열고 들어온 학생에게는 인사로 맞이해야 한다.
   - 숙제해왔어? -
2. 시키는 대로 싫은 내색 없이 공부 잘하고 있는 아이에게 물어보았다. 선생님이 하면 싫은 말이 뭐냐고 - 공부해라 -
3. 천성적으로 느린 아이에게 - 빨리해라 -
4. 공부하고 있는 아이에게   - 아직 다 안했냐? -
5. 하기 싫어 시계만 보는 아이에게
- 시계만 본다고 보내주지 않아, 너 할 일을 해야 가는 거야 -
6. 중간고사를 망친 아이에게
   - 큰일났다. 어떻하냐 엄마한테 뭐라고 하냐 -

오늘의 주인공은 아이들

　내가 무언가를 가지고 있다는 사실을 기억하자. 세상과 소통을 하고 있고, 세상과 자신만의 브랜드로 세상과 소통한다는 것이 브랜딩, 즉 퍼스널 브랜딩이다.

　우리도 공부방이라는 하나의 구성원을 이끌고 있는 리더이자 기업가이다. 수업을 위해 공부방 문을 열고 들어설 때뿐 아니라 공부방 밖에 있을 때도 우리는 공부방에서 벗어난 적이 없다. SNS가 보편화된 지금은 매 순간 아이들 또는 학부모와도 소통을 하고 있다. 그러니 우리의 멘탈을 잘 지키며 스스로를 브랜딩 하려는 노력은 어렵지만 도전해야 하고 이미 그렇게 하고 있는 것일지도 모른다. 공부방 선생님이 어떤 사고로 아이들과 함께하는지 그것부터 이미 브랜딩되어 가고 있는 것이다. 하지만 브랜딩이란 가치를 누군가가 인정해 줄 만한지, 그리고 운영자인 자신을 평가할 때 인정할 만한지가 내가 브랜딩하고 있는지 아닌지를 판단할 수 있다. 고착화와 브랜딩은 엄연히 구분된다. 우리 일은 선한 가치를 가지고 브랜딩할 수 있어 좋다. 공부방 아이들, 공부방에 보내는 학부모, 나 자신, 나의 가족에게 나의 선한 영향력이 미친다는 사실은 기분을 좋게 해준다.

　내가 하고 싶은 일을 나만의 브랜드로 만드는 일은 우리 공부방 선생님이 지금 하고 있는 일이다.

<세상과 소통하며 자신을 알리자>

어느 애니메이션 스튜디오의 창업자는 이렇게 말했다. '우리는 우리가 원하는 것을 했다. 남들이 원하는 것이 아닌'

토이 스토리를 성공시킨 창업자들은 당시 유명한 사람도 아니었고, 세상에서 크게 인정받고 있던 사람들도 아니었습니다.

각자가 겪은 일상의 경험을 영상으로 만들어내는 강한 개성의 소유자들에 불과했죠, 자동차 세차장에 갔다가 <CAR>를, 수족관에 갔다가 <니모를 찾아서>를 생각했을 뿐입니다.

자신의 경험을 통해 다른 사람들과 소통하는 과정에 대하여 스티브 잡스는 '점을 선으로 연결하는 과정'이라고 표현했습니다.

그리고 이 과정은 모두 나만의 관점을 뚜렷하게 갖고 혁신하는 도전, 즉 기업가 정신이 있었기 때문에 가능했습니다. 이들이 영상으로 자신을 사람들에게 말했듯

❝당신도 당신만의 무언가를 가지고 세상과 소통하며 당신의 생각, 당신의 브랜드를 세상에 널리 알리세요❞

창조하는 생각이 곧 기업가 정신이며 변화 속에서 기회를 포착하고 혁신을 통해 나만의 생각과 관점으로 비즈니스를 펼쳐나가는 역량은 창의성으로부터 시작됩니다.

@출처: 다큐멘터리 '더 픽사 스토리'

즐기면서 하라

　고객을 만나는 것은 즐겁고 행복한 일이다. 우리의 주 고객은 학생이다. 올 땐 엄마 손에 잡혀 왔지만, 그 후부터는 나와 학생의 관계에 따라 3개월이 못갈 수도 있고 장기회원이 될 수도 있다. 고객의 이익을 위해 세일즈 한다는 마음으로 임하자. 내 마음이 전해지지 않아 거절당할 때도 있지만 마음껏 준 마음은 편하다. 거절당했다고 마음에 상처를 남길 필요도 없다.

　고객의 거절은 영업의 시작 신호이지 거절 신호가 아니다. 공부가 싫어도 내 영업에 넘어가 주는 센스를 발휘해 엉덩이를 의자에 붙이고 하자는 대로, 스케줄대로 따라준다. 그런 내 영업 기술에 말려들기가 되는 순간을 놓치지 말자. 고객이 부끄럽다 얼굴 빨개지도록 칭찬해주자. 문을 열고 들어오는 얼굴을 맑은 눈빛으로 바라보며 "왔어?" 하고 눈을 맞추고 방긋 웃어 맞이하자.

　공부를 마치고 문을 열고 귀가하는 고객을 느닷없이 부른다. 그리고 고객을 향해 양손 가득 하트를 담아 날리자. 귀까지 빨개져 빨리 도망간다. 집에 가는 발걸음이 한결 나아지길 바라는 나의 마음을 고객에게 전하자.

　선생님의 마음이 부자면 아이들에게 여유로움이 생긴다. 행복은 멀리 있지 않다. 오늘 하루 즐겁게 최선을 다해서 살아가면 그게 바로 행복이다. 무엇을 위해 살아가고 있는지 잠깐 멈춰 생각할 시간을 가져보자. 마음을 잘 관리하고 정서적으로 여유가 있으면 마음도 몸도 자연스럽게 건강해진다.

그러면 행복해진다. 나는 일이 힘든 날 열심히 했다는 마음보다는 우울해진다. 일을 잘한 게 아니라 힘들게 일을 했다는 거다. 이 둘은 닮은 듯 닮지 않았다. 그래서 우리는 자주 착각한다.

나도 예전엔 그랬던 것 같다. 힘든 날 나 열심히 했나 보다. 그런데 열심히 한 것이 일을 잘한 것이 아니라는 것을 이젠 안다. 일을 잘한 날은 몸도 마음도 가뿐하다. 일과 삶의 균형이 중요하다. 일을 즐기고 삶을 긍정적으로 바라보자. 즐겁게 일하면 긍정적인 삶이 될 수 있다고 믿어보기로 하자. 이건 연습이 필요하다.

"

직업관이란
개인이나 사람이 직업에 관하여 가지고 있는
근본적인 태도나 견해,
다른 말로 직업의식이라고도 한다.
직업관은 자아를 실현하고, 생계를 유지하며,
나아가 사회에 참여하는 일이며,
어느 것에 중점을 두느냐에 따라
직업관이 달라질 수 있다

"

No라고 할 수 있는 사람이 되라.

나는 좀처럼 거절하지 못하는 성격이다. 생각해보면 거절이 쉬운 삶의 항목인 사람은 많지 않을 것 같다. 거절이 두려워 부탁하는 것도 잘하지 못하기도 한다. 거절은 나와 다른 사람 간 경계를 긋는 것이라고 생각한다. 하지만 이 적당한 경계가 나와 다른 사람간의 적절한 관계로 이어주는 다리의 역할도 되어 준다는 긍정적인 면도 있다는 것을 나도 얼마 전에 깨닫게 되었다. 그러므로 인간관계에 있어 나와 타인의 경계선을 제대로 인식하고 지키는 것은 중요하다. 나의 몸과 마음 그리고 인생을 책임지고 지켜야 하며, 가족과 친한 친구를 포함한 그 누구도 이것에 개입해서는 안 된다. 하지만, 나와 타인의 경계가 모호하기 때문에 타인에게 침해받거나 내가 타인을 침해하는 경우가 자주 발생한다. 나만의 인생을 살아가는 방법을 고민한다, 그리고 그것을 다이어리에 기록한다. 그리고 틈틈이 기록한 나의 글을 읽고 깜빡했던 삶의 방향을 다시 바로 잡는다.

나에게 맞지 않는 것, 하고 싶지 않은 것을 찾고 NO를 말할 수 있는 사람이 되어야 한다. 나의 가치를 만들고 생산하는 일은 여기서부터 시작된다고 할 수 있다. 다른 사람이 만들어 놓은 틀 안에서 움직이며 사는 것이 편안하고 안정적일 수 있지만 NO라고 말하고 내 방식을 찾는 순간 나는 내 영역을 지키고 동시에 다른 사람의 영역을 침해하지 않는 적당한 경계를 찾을 수 있게 된다.

세상은 '내가 책임지고 지켜야 할 영역'과 '남이 책임지고 지켜야 할 영역'등 두 가지로 나누어진다고 한다. 나에게 '좋은 것', '즐거운 것' 중심으로 나의 하루를 구성해 보면 좋겠다.

교사 54%가 좋은 선생님이 되는 것 보다는 1년을 무탈하게만 보내고 싶다는 조사 결과가 있다. 초, 중, 고 교사 3,923명을 조사한 결과 학부모에게 상처받고 업무에 치여 좌절한다고 한다. 교사가 되기 전 이상과 교사가 된 후 현실 사이의 괴리감으로 초심을 잃게 된다는 것이다.

365일 아이들을 대하는 우리 이야기이기도 하다. 누구나 가장 하고 싶었던 일을 직업으로 갖게 된다 하더라도 후회가 50%라고 한다. 공부방을 시작한 초기만 해도 교권이 꽤 많이 보장되었던 시절이었다. 학교 선생님에 대한 신뢰나 존경이 있었다. 공부방 선생님을 대하는 학부모나 학생의 입장도 변화가 있기 마련이다.

그래도 나는 공부방을 운영하는 15년 동안 학부모와 크게 문제가 되는 일이 없었다. 문제가 발생했을 때 빠른 대처와 정확한 해결을 우선시했고, 학생과 학부모의 입장을 먼저 생각하고 내가 손해를 보고 한 걸음 양보해 풀어간 덕분인 것 같다. 시대에 맞춰 서로의 적당한 거리를 유지하는 것은 우리가 하고 싶은 기간 내내 가져야 할 신념이라고 생각한다.

<남의 틀에 얽매이지 않고 나만의 틀로 사는 방법>

'싫어하는 일은 피한다.' '바라지 않는 일는 거부한다.' '맞지 않는 일은 그만둔다.' 이것들은 기분 좋게 살기 위해 습득해야 할 필수 기술이다.

하지만 사회는 온갖 방법을 동원해서 시대에 부응하는 여러 틀을 만들고 내 이야기로 살지 못하게 한다. '틀'은 남들을 이해하기 위한 남에게 유리한 것이다. 그런데도 무시할 수 없을 정도로 위화감이나 부대낌을 느끼는 사람도 있고 '이제 나이가 들었으니', '여자답지 못한 나는 가치가 없다', '남자답지 못한 나는 가치가 없다'라는 생각으로 섣불리 자신의 가능성을 부정하는 사람도 있다.

자신을 속박하고 있는 가치관과 자신을 가두는 틀이 무엇인지를 찾아내 그것이 정말 오늘의 나에게 유용한가를 검증하고 '불필요'하다고 판단되면 삭제하는 편이 좋다.

정해진 휴식은 보통 자신을 속박하는 가치관, 틀을 다시 보고, 필요하지 않은 것을 버리고, 그 안에 잠자는 내가 정말 소중히 여기는 것을 발견하고, 삶의 방식을 크게 바꾼다. 때로 인생의 주도권을 되찾는 커다란 기회가 되기도 한다.

@스즈키 유스케 <나를 위해 거절합니다> 중에서

재테크에 관심을 가져야 한다.

　나는 경기도에 집이 있는 상태로 현재 공부방을 운영하는 지역으로 이사를 했다. 그 당시 대출금을 안고 있는 상태이고 이자만 내고 있었다. 처음 공부방을 시작하고 1년간은 거의 수입이 없었기 때문에 이자만 낼 수준이었지만 공부방을 꾸준히 회원이 늘면서 빠르게 상환을 할 수가 있게 되었다.

　중도 상환 수수료를 지불하면서도 나는 돈이 되는대로 원금을 갚아나갔다. 3개월 6개월 1년 단위의 세 종류의 정기예금을 돌려가며 통장 세 개로 저축을 해나가고 기한이 맞는 대로 목돈을 만들어 이자와 중도상환수수료 그리고 원금을 갚았다. 3개월 단위 정기예금은 6개월 단위 정기예금과 맞물리게 하고 6개월 단위는 1년 단위와 맞물리게 하여 톱니바퀴 식으로 목돈이 쌓이게 하고 목돈으로 다시 원금을 줄여나가는 방식으로 꼬박 5년 만에 원금 전체를 완납했다.

　수백만 원씩은 불가능한 수입이라 몇십만 원 단위로 잘게 쪼개고 또 쪼갰다. 원금을 갚는다는 것은 생각만으로는 불가능하게 여겨진다. 그러나 돈은 쌓을수록 쌓인다. 물론 장기대출로 수십 년 동안 갚아나가면 될 일을 무리하게 했다는 생각이 들지만 일단 빚은 없어야 한다는 내 생각은 지금도 변함이 없다.

　그렇게 원금을 모두 상환한 뒤 억 단위의 통장을 손에 쥐고 그리고 경기도의 집을 팔았다. 그 당시 수익은 볼 수 없는 시기였지만 모은 돈과 집을 매매한 돈을 합해 교육환경과 입지 조건을 고려하여 중심가로 집을 샀다. 물론 대출 없이 구입했다. 아이와 둘이 사는 2인 가구인 나는 대출에 대한 불편함을 이렇게 해소했다. 아이가 성장하면 독립을 할 것이며 나는 아이에게 부담이 되는 부모가 되고 싶지 않다는 변하지 않는 지론을 가지고 있다.

그래서 남의 돈은 어떠한 경우라도 무서워해야 한다고 생각한다. 투자는 하지 못해 부자는 되지 않았지만 빚 없는 소소한 삶은 내게 안정감을 준다. 투자도 시간이 있어야 하는 것, 나는 주식계좌도 확인할 틈이 없는 하루를 온전히 공부방 운영에 투자하고 있다. 내 사업에 충실한 것이 첫째이며 시간이 허락한다면 적은 금액으로 할 수 있는 방식의 투자를 하면 위험하지 않고 즐길 수 있다.

7년 전 이렇게 구입한 아파트는 2배 이상 올랐다. 투자개념으로 집을 구입한 것은 아니지만 일을 하며 아이를 키우느라 모을 여유가 많지 않은 경우 노후 자금을 준비하기 쉽지 않은 현시대로서는 노후 연금의 개념을 가진다면 생각해 볼만하다. 집을 구입하는 기준은 입지 조건이 중요하다.

교통과 학원가 학교가 주변에 있다면 등락이 크게 없어 안정적이니 고려의 기준으로 삼으면 좋다. 영끌로 구입하는 것은 주의해야 한다.

인플레이션이나 금리 인상 등은 우리나라만 잘 관리한다고 막을 수 있는 것이 아니라 국제 상황 특히, 미국 금리 동향에 따라 이루어지기 때문이다.

\<돈의 속성\>

　누군가는 돈에 대해 이야기하는 것을 꺼려하고 품위 없는 것처럼 치부하지만 저자는 오히려 돈의 가치를 폄훼하는 그 행위가 위선적이라고 말한다. 세상 살며 돈이 가진 중요성을 따져볼 때 누구도 돈의 영향력에서 자유로울 수 없기 때문이다. 그렇기에 저자는 돈의 특성을 매우 특이하게 정의했는데 바로, 인격체라고 지칭한 것이다.

　돈을 너무 사랑해서 집 안에만 가둬 놓으면 기회만 있으면 나가버리려고 할 것이고 다른 돈에게 주인이 구두쇠니 오지 마라할 것이다. 자신을 존중해주지 않는 사람을 부자가 되게 하는데 협조도 하지 않는다. 가치 있는 곳과 좋은 일에 쓰인 돈은 그 대우에 감동해 다시 다른 돈을 데리고 주인을 찾을 것이고 술집이나 도박에 자신을 사용하면 비참한 마음에 등을 돌리는게 돈이다.

　돈은 감정을 가진 실체라서 사랑하되 지나치면 안 되고 품을 땐 품어도 가야 할 땐 보내줘야 하며 절대로 무시하거나 함부로 대해서는 안 된다. 오히려 존중하고 감사해야 한다. 이런 마음을 가진 사람들에게 돈은 상상 기회를 주고 다가오고 보호하려 한다.

　다행히 돈은 뒤끝이 없어서 과거 행동에 상관없이 오늘부터 자신을 존중해주면 모든 것을 잊고 당신을 존중해줄 것이다.

납치나 폭력 혹은 불법을 통해 권력자나 졸부 품으로 들어간 돈은 언제든 탈옥할 날만을 기다리거나 그 주인을 해치고 빠져나오기 마련이니 위험한 돈과 친해질 생각도 지워야 한다.

품 안의 돈을 기품 있는 곳에 사용하며 사랑하는 사람과 보호해야 할 가치가 있는 곳에 사용하면 이를 지켜보고 있는 돈도 더 많은 친구들을 불러들일 것이다. 내가 돈의 노예가 되는 일도 없고 돈도 나의 소유물이 아니므로 서로 상하관계가 아닌 깊은 존중을 갖춘 형태로 함께하게 된다.

옛말에 '고기를 주기보다 고기를 낚는 법을 주라' 했다. 우리는 모두 각기 다른 환경에 놓여 있다. 지적 수준이 다르며 경제적 상황 역시 다르다.

그러니 누군가에게 이득이 된 방법이라고 나에게 이득이 될 수는 없다. 우리는 이 책 『돈의 속성』을 통해 돈을 만들고 지키고 기르는 한 명의 농부가 되는 방법을 배워야 할 것이다.

출처: 미래한국 Weekly 2020-06-13 김민성 기자
김승호 〈돈의 속성〉

남의 돈을 굴려 큰 부자가 될 수도 있지만, 내 돈으로 씨드머니 (seed money)를 만들어가면서 소액으로 투자하는 재미도 쏠쏠하다. 내 아이에게 빚은 물려주지 않아야 한다.

어느 정도 안정된 생활이 유지되면 주식을 도전해보는 것을 권한다. 주식을 하다 보면 국제정세 국내정세 등에 관심을 갖게 되는데 이 또한 세상을 넓게 보는 데에 도움이 될 뿐만 아니라 가족 간 건설적이고 긍정적인 화제 거리를 제공한다. 아침 밥상에서 부모와 자녀가 주식에 대한 이야기를 나누고 서로 공부한 분야를 공유하고 같은 주식을 매수매도하며 수익을 이야기하는 것은 기업에 도움이 되며 자녀에게 돈에 대한 개념을 일찍부터 가르치는 좋은 기회가 된다.

노후에 필요한 생활비는 부부 기준 월 268만 원이나 실제 국민연금으로 받을 수 있는 돈은 월 80만 7000원 수준이라고 한다. 노후에 돈 걱정 없이 살 수 있는 것이 진정한 '돈으로부터의 자유'이다. 미국 연준 금리가 올라가면 자연히 우리나라 한국은행에서도 금리를 올린다. 금리가 올라가면 부동산 매물이 늘고 은행에 돈이 쌓이는 현상을 볼 수 있다. 영끌족이 오른 금리에 이자 부담이 증가할 것을 예상해서 시세대로 받고자 앞 다투어 매물을 내놓기 때문이다.

이 경우 증시도 당연히 영향을 받지만 수시로 수입의 일부를 저축하듯 넣는다면 증시가 오르고 내리는 경우 평균의 소득을 얻을 수 있다. 또한 주식의 선택에 있어서도 장기투자의 개념으로 매달 얼마를 정해 꾸준히 투자하는 습관이 중요하다.

좀 더 공부를 하게 되면 자신의 투자 방향에 확신이 서게 되고 불안도 덜 갖게 된다. 같이 금융을 공부하는 친구나 가족이 있다면 테마주를 찾아내어 단투(단기투자)로 치킨 값을 버는 재미도 있다. 월급만으로는 물가상승을 쫓아갈 수 없는 게 예나 지금이나 변하지 않는 진실이다.

사회는 끊임없이 진화하기 때문이다. 돈이 나를 위해 움직이게 하는 지혜와 부지런함이 세상을 살아가는 색다른 즐거움을 준다. 내가 잠든 동안에도 내 돈이 쉬지 않고 일을 하게 할 방법을 따라가야 한다.

재테크에 대한 나의 작은 지식을 옮겨놓았지만 가장 안정적이고 보장된 투자는 사람에 대한 투자이다. 우리가 하는 일은 바로 그런 일이니 게다가 일하는 만큼 돈이 되어 주는 기특한 직업이니 선택받은 행운아임에 틀림없다. 그러므로 오늘도 힘내어 집중할 수 있는 의미가 있다.

<Tip !! 금융에 관심을 갖게 되면 좋은 점>

- **세상을 보는 눈이 생긴다** : 금융은 단기간 또는 장기간의 변화를 파악해야 속성을 알 수 있다. 역사를 알면 미래를 예측할 수 있는 것과 같은 이치이다.

- **가족 간 말이 통한다** : 자녀가 성장하면 가족 간 대화가 점점 단절되기 마련이다. 공통 관심사인 돈 버는 일에 관해 대화를 하면 긍정적인 관계를 유지하는 데에 도움이 된다.

- **나도 뒤처지지 않는다** : 아이가 자라면 엄마는 자연스레 나이 든다. 아이는 한참 세상을 알아갈 시기인데 나는 나이 들고 빨리 변하는 세상이 두렵고 귀찮아질 때가 있다. 이때 금융에 관심을 갖고 있다면 세상 돌아가는 일에 오랜 기간 시간을 투자해 왔다면 아이와의 대화에서 뒤처지지 않는다.

- **또 다른 즐거움을 준다** : 누구나 쉬고 싶은 시기가 온다. 공부 방도 안정되고 익숙해지고 반복되는 일이 지칠 때가 온다. 큰돈을 가지고 한다면 이 또한 스트레스가 되지만 내가 말한 치킨값 정도를 목표로 재미로 하면 즐겁지 않을 수가 없다.

- **돈이 나를 위해 일하는 결과를 얻을 수도 있다** : 1년 2년 단위가 아닌 10년 20년 단위로 장기투자를 한다면 복리가 되어 돌아온다.

- 다만, 우량주를 고르고 꾸준히 세상에 관심을 놓지 않고 있다면 장기투자는 효과적이다. 〈우량주: 내가 주로 지출하고 있는 품목을 보면 쉽게 고를 수 있다. 예를 들어 자주 가는 카페나 내가 신는, 내 아이가 신는 운동화를 보면 그것이 바로 우량주인 것이다.〉

- **노후가 든든해진다** : 연금만으로 안심이 안 되어도 내 주식이 내 집이 또 다른 연금이 된다. 한 살이라도 젊은 나이에 노후를 준비하는 현명한 내가 나를 지켜 줄 것이다.

- **또 하나의 투자 대체투자 (Alternative Investment)** : 주식과 채권 등의 금융자산 이외의 투자 상품을 말한다. 우리가 흔히 알고 있는 부동산부터 헤지펀드, 사모펀드, 벤처펀드 등의 펀드, 원자재나 선박 등의 전통적인 금융상품이라 불리는 방법을 제외한 모든 투자가 대체투자에 해당된다.
2008년 글로벌 금융위기에서 전통적인 금융자산 가격이 떨어지고 주식과 채권에 분산투자에 대한 믿음이 하락하면서 이외의 투자에 관심을 돌리게 되면서 수요가 증가하는 추세이다. 안정성에서는 전통적인 투자법보다 보장성이 떨어질 수 있다는 위험요인을 갖고 있다.

책을 좋아하는 아이들의 선생님

　공부방이 자리를 잡기 시작하니 내게 한계가 느껴졌다. 그 즈음엔 강의를 시작해 한창 내 안에 있는 것들을 끄집어내어 도움을 주는 역할을 하게 되었는데 계속 꺼내어 쓸 밑천은 금새 바닥을 드러내는 것이다.

　그렇게 퍼내어 쓰고 나면 채워주어야 하는 게 맞는 일이라 나는 나를 채워 줄 도구를 찾았다. 그래서 독서가 시작되었다. 사는 게 바빠 생각도 못하고 살던 몇 년을 보상받기라도 하는 듯 나는 꽤 많이 책을 읽어내었다. 부족한 게 많은 탓에 자기계발서를 수없이 읽었다.

　내가 읽은 것들이 나를 만들 듯 나의 강의에 도움이 되었다. 자기계발서는 더 이상 충분하다 싶을 만큼 읽더니 금융에 관심을 갖게 되었다. 금융에 관심을 가진다는 것은 세계정세를 알아 가는 데에 큰 힘이 되었다. 자금의 흐름과 기업의 속성. 그리고 국가 대 국가의 연결고리 등 정치와 경제에 모두 접목된다는 것을 알게 되었다.

　당연히 역사와 철학을 빼놓을 수 없는 연관성을 갖는다는 사실도 알게 되었다. 여전히 매일 바쁜 일상을 살지만 책은 나에게 기회이고 성장 그 자체라는 생각을 한다. 덜 편협하고 조금 더 넓게 보는 안목을 가진 선생님과 공부하는 학생들은 선생님 복 있는 학생이 된다. 지향하는 지점을 제시해 줄 능력을 갖춘 선생님과 공부하는 학생들의 선생님이 되어 보면 어떨까?

루틴 있는 일상

나는 아침에 눈을 뜨면 '오늘 일정에 무엇이 있더라?' 크게 기지개를 켜면서 머리를 깨운다. 어젯밤 잠들기 전 일정을 정리해 두고 그래도 잊을까 폰 미리 알림에 저장해둔 목록들이 떠오른다. 아침 준비하는 시간도 그 일정에 맞춰 속도가 저절로 조절된다.

글을 쓰고 있는 오늘 아침의 경우도 아이가 설 연휴 기간 중 인근 아울렛에 5일짜리 단기 알바를 가는 첫날이기 때문에 시간에 맞춰 일어나 간단한 토스트와 라떼 한 잔을 준비했다. 나는 지점에 들러 조회를 하고 교육비를 등록한 후 카페에 글을 쓰러 갈 예정이니 나를 위한 커피는 준비하지 않았다. 짧은 시간을 쪼개서 쓰면 긴 시간을 두고 하는 것보다 꽤 쓸모 있는 시간으로 만들 수 있다.

30년간 금융업에 종사한 〈세일즈에 품격을 더하라〉의 저자 손갑현은 이런 생각을 하며 아침을 시작한다고 한다. 각자 아침을 맞는 루틴이 있을 것이다. 공부방을 운영한다는 것은 단순히 아이들을 지도한다는 의미만으로는 부족하다. 자신을 세일즈하는 일이며 더불어 나를 찾아온 고객들에게도 이익을 주는 일이다. 세일즈는 나의 이익이 아니라 고객에게 이익이 될 수 있도록 해야 하는 일이다. 어찌 보면 어려운 일이라고 생각될 수 있지만 '단순하고 어렵지 않은'일이다.

교사로서 운영자로서 충분히 가치가 있다. 아침에 일어나면 '아, 힘들다'가 아니라 '아 즐겁게 살아볼까!'하고 나의 뇌를 깨우자.

'즐기면서 하라' 내가 즐기면서 일하면 내 주변이 밝게 변화한다. '무슨 좋은 일 있어?'라는 질문을 받도록 행동해보자. 21일 동안 해보자.

미국 의학박사이자 심리학자인 맥스웰 몰츠(Maxwell Maktz) 가 습관을 바꾸기 위해서는 최소 21일이라는 시간이 필요하다고 말한 것처럼 우리의 습관은 21일이면 충분히 개선되고 또 그로 인해 더불어 발전되어가는 1석 2조의 효과를 얻게 될 것이다.

'오늘도 즐거운 하루가 되도록 하자',
'직원들을 칭찬하고 인정하자',
'크게 생각하고 멀리 내다보자',
'화가 나면 심호흡을 하고 한 번 더 생각하자',

<변화를 원한다면 버려야 하는 8가지>

핑계
변명
자기 의심
독이 되는 습관
소심함
미루기
부정적인 자기 대화
모두를 만족시키려 하기
편안한 곳에만 머물기

출처@성공한 스푼

제5장, Q & A

공부방을 하면서 나도 궁금했던 것

창업에
관하여

Q1. 아파트 공부방은 어떤 점이 좋은가요?

A: 공부방은 학원이나 교습소와는 달리 내가 살림하는 공간에서 창업할 수 있는 소규모 소자본 1인 창업이 가능하다. 언제든 결심을 하면 시작할 수 있는 내 사업이다.

내가 만들고 내가 키워가는 나만의 사업이기 때문에 나만 잘하면 되는 어렵지만 시작하기엔 타 업종보다 쉬운 사업이다.

나도 처음에 공부방을 시작할 때 노트북 한 대와 대형 벽걸이 TV 그리고 6인용 책상 하나로 거실에서 시작했다. 자본이 들지 않고 나의 작은 노력으로 시작할 수 있다는 점에서 초보도 쉽게 시작할 수 있는 소자본 1인 학원이다. 공부방은 학원이나 교습소처럼 인테리어에 돈을 들이지 않아도 된다. 학부모가 가정식 공부방을 찾는 이유는 집처럼 따뜻한 분위기 엄마 같은, 이모 같은 꼼꼼한 선생님을 찾아온 것이기 때문이다.

또 한 가지 장점을 말하자면 내 아이를 내가 가르칠 수 있는 사업이라는 점이다. 나도 아이가 6살 된 해에 공부방을 시작했다. 초등학교에 입학하면서 수업을 같이했다. 그리고 내 아이가 속한 학년의 친구들이 공부방 회원 중 가장 많은 비중을 차지해 공부방이 탄탄하게 자리 잡는 6년을 누리는 이점은 놓칠 수 없는 장점이다

다른 사업에 비해 유행을 타지도 않는 사업임에도 틀림없다.

Q2. 공부방의 공간 구성이 궁금해요

A: 공부방의 공간은 어떻게 구분하면 좋을까요? 강의를 가면 한 번씩 꼭 받는 질문이다. 처음엔 거실 한곳만을 이용해 수업을 했던 1인으로서 말하자면, 가능하면 거실은 피하는 게 좋다. 주간에만 수업을 해야 하는 제한이 따르게 된다.

물론 가족이 귀가하기 전에 수업이 마무리된다면 상관없을 수 있겠지만 수업이 그렇게 용이하게 마무리되기가 어려울 뿐더러 회원도 수업 시간도 점차 늘려가야 일한 보람이 있다. 거실과 여유가 있다면 방 한 칸 이렇게 하면 저녁 타임 수업도 수월하다.

우리는 수익을 얻기 위해 일하는 게 사실이므로. 거실에서 시작을 했다 하더라도 가능하면 빠른 시일 안에 공간을 방으로 이동해야 한다. 거실은 대기 공간으로 간단히 수업 준비를 할 수 있도록 넓은 좌식 탁자 하나를 놓아주면 좋다. 그곳에선 아이들이 미쳐 마치지 못해온 숙제도 하고 기타 과목도 예를 들어 한자쓰기 등등 거실 탁자에서 하게 한다.

본 수업은 방에서 학년별 또는 시간별로 정해진 회원들만 입실해 공부한다. 살림을 분리하게 되거나 내 아이들이 자라 독립을 하게 되면 더욱 좋다. 공부할 수 있는 공간이 더 여유가 생기게 된다. 거실을 온라인 강의를 들을 수 있는 공간으로 기능을 더할 수 있게 되고 이에 따라 회원도 더 받을 여유가 생긴다. 어쨌든 공부방은 책상 하나로 최고의 일터가 되는 사업임에 틀림없다.

Q3. 공부방은 어떤 곳에 오픈하면 잘될까요?

A: 살림을 하던 자가에서 오픈을 하지 않고 지역을 선택할 수 있는 기회가 있다면 좋았을 걸 그랬다.

내가 신입 교사들에게 상담을 해주면서 느꼈던 아쉬움이 있다. 나는 자가에서 공부방을 시작했기 때문이다. 공부방도 사업이니 입지를 따져 오픈하는 것이 가장 좋다. 여러 선생님들의 사례를 보고 느낀 점이니 지역 격차나 선입견이라 오해하지 않았으면 하는 조심스러운 부탁을 하고 이 이야기를 시작해본다.

내가 공부방을 운영 중인 지역은 교육열이 높은 지역이다. 같은 수업을 진행해도 좀 덜 치열한 지역의 공부방보다 두 세배는 뛰어다녀야 한다. 발 빠른 대비를 해야 뒤처지지 않는다. 덕분에 나의 공부방의 경쟁 상대는 처음 공부방을 오픈할 때부터 공부방이 아니었다.

유명 학원이 나의 경쟁 상대였다. 내가 만든 게 아니라 학부모가 만든 경쟁구조였다. 학원에서 얻지 못하는 높은 품질, 그리고 실력과 꼼꼼함을 겸비한 교사가 학부모의 니즈(needs)였다. 3년 차에 그걸 알았고 학부모는 입소문으로 나를 찾았다. 시대에 뒤처지지 않는 공부방 선생님을 찾아 나선 적극적인 부모가 많은 지역에서 오픈한 덕에 단 하루도 쉽게 넘어가는 날은 없다.

대신 교육비가 밀리는 경우는 월에 한두 건 정도로 적은 편이다. 주변 분위기에 맞추어 네이버 밴드가 나오자마자 공부방 밴드를 개설해 공부방 소식을 공유하고 블로그를 운영하고 네이버 플레이스에도 등록해 언제든 나를 찾아올 루트를 마련해 두고 꾸준히 관리해왔다.

교육열이 높다는 것은 시험이 어렵다는 것과 일치한다. 시험이 어려우면 학력 격차도 큰 편이라 공부 잘하는 아이보다는 그렇지 못한 아이들도 문의가 많다. 내 공부방에서 학습의 힘을 길러 지역에서 최고로 손꼽히는 학원 시험을 통과시켜 그곳에 다니게 하고 싶어 하는 문의가 오고 또한 그렇게 내 손을 거쳐 가는 경우가 많다.

대신 내가 하는 만큼 회원의 문의가 꾸준하다는 장점이 있다. 그러나 내가 여기서 꼭 말하고 싶은 것은 첫째, 교육열이 적당히 높은 곳에서 오픈하면 좋다. 선생님의 몸과 마음이 편안하다. 이런 곳의 엄마들은 대부분 선생님에게 모든 걸 맡기는 경향이 있어 수업에 잦은 상담 전화를 응대해야 하는 힘든 경우가 상대적으로 줄어든다. 그만큼 수업에 있어 멘탈을 지키는 데 도움이 된다.

둘째, 시험이 적당히 어려운 곳에서 오픈하면 좋다. 공부방에 오는 회원이 모두 하나의 초등학교나 하나의 중학교를 다니는 경우는 행운일 것이다. 내 경우 주가 되는 초등학교가 한 군데이고 추가로 두세 곳의 초등학교 학생들이 있다.

학교마다 시험 일정도 다르고 배우는 단원도 다르기 때문에 학교 학사일정과 각 반에서 이루어지는 수시 평가 일정을 쭉 알고 있어야만 한다. 중학교의 경우도 주가 되는 학교가 한 학교이고 추가로 두 학교가 있다. 중학교도 전 과목을 원하는 학모의 니즈를 반영해 1학년은 국·수·사·과·영 2, 3학년은 영·수 중심으로 관리하고 있기 때문에 학기별 한 달을 제외하고는 일 년 내내 시험 기간인 셈이다. 국어와 영어는 학교마다 교과서도 다르기 때문에 별도 교과서를 다루어 주어야 한다.

다행히 나는 프랜차이즈 공부방을 하고 있으니 본사 시스템을 최대한 활용해 아이들에게 빈틈없는 수업을 진행하는 게 가능하다. 그래도 이렇게 하루 일주일 한 달을 지낸다는 것은 체력적으로 굉장히 힘든 일이 아닐 수 없다.

기계적으로 매 순간 필요한 학습을 진행 시켜야 하는 것은 필수이며 미리 수업 준비가 어느 정도 되어있어야만 가능한 수업이다. 온종일 머리가 뜨끈뜨끈하게 가열되어 지내는 것은 감수해야 한다. 시험이 적당히 어렵다면 수업 긴장도가 반으로 줄어든다. 이는 대충 수업해도 된다는 것은 결코 아니다.

셋째, 경제적으로 여유가 있는 지역에서 오픈하면 좋다. 부자 동네만을 의미하는 것이 아니라 돈의 회전율이 좋은 지역을 말하는 것이다. 예를 들어 특화작물을 생산하는 생산지나 대량 농경지가 있는 지역이거나 관광지가 밀집한 지역도 이에 해당한다. 수업이 힘들고 수입이 안 되는 일은 하지 말아야 한다.

내 입장은 그렇다. 수업이 힘든 이상으로 수입이 되어야 한다. 수업료가 밀리는 일은 한 달을 마감하는 입장에서 스트레스가 아닐 수 없다. 수업료 마감이 빠를수록 다음 달 수업에 신경 쓰지 않고 수업에만 온전히 집중할 수 있기 때문이다. 해결되지 않는 수업료는 머릿속 걸림돌이 된다.

264

돈이 되어야 나에게도 투자하고 아이들에게 투자하고 그 힘으로 공부방도 잘 굴러간다. 우린 돈을 벌기 위해 이 일을 시작했다는 점을 잊으면 안 된다.

Q4. 온라인 홍보는 꼭 해야 하나요?

A: 온라인 홍보가 잘되는 지역이 따로 있었던 시절도 있었지만 이젠 제주에 살면서 이사 갈 서울지역을 고를 때 미리 좋은 학원을 알아보아 이사지역까지 선정하는 시대이다.

예전엔 오프라인 홍보가 주된 홍보 방법이었다면 최근 그리고 앞으로는 온라인 홍보가 주가 된다. 상담 전화도 내게 올린 블로그와 네이버 플레이스를 보고 문의가 온다. 온라인 홍보를 해야 한다는 것이 꼭 파워블로거, 인플로언서가 되어야 하는 것은 아니다.

우리 대상이 동네 대상이므로 해시태그를 잘 걸어놓으면 된다. #상아김쌤공부방 #문화동공부방 #대전공부방 #글꽃초 #동문초 #성모초 #글꽃중 #동산중 등으로 검색어를 설정해 두면 네이버 검색으로 나를 찾아 준다. 글의 품질도 중요하다. 내가 무엇을 하는 사람인지 명확히 알리고 검색한 정보가 알고리즘에 도움이 되는지 확인이 되면 글의 양과 관계없이 내 글을 상단에 올려준다. 일단 검색을 많이 할 수 있는 분위기가 조성되는 지역인지를 알아보아야 한다. 젊은 엄마가 많은 아파트 단지가 주변에 많으면 좋다. 당연히 그곳엔 초등학교 중학교가 있다. 일하는 엄마들은 지인 커뮤니티가 상대적으로 부족하므로 직장에서 내 아이에게 맞는 공부방을 검색한다.

　예전처럼 틈을 내어 이곳저곳을 방문해 학원쇼핑을 하기에 너무 바쁘다. 평소 관리가 가장 중요하지만 온라인 홍보가 잘 통하는 지역은 내 열정을 한껏 힘을 불어넣어 준다.

업체에 돈을 지불하지 않아도 과하지 않게 적절한 양의 키워드로 내 공부방 블로그를 상위에 노출시킬 수 있다.
밴드는 QR코드를 만들면 필요한 홍보물 제작에 유용하다.

성장하는엄마

성장하는엄마(지나샘푸르넷상아공부방)

학생지도에 관하여

Q5. 아이들 숙제는 얼마가 적당할까요?

A: 최근 신입 교사 입문 교육 강의에서도 받은 질문이다. 내 경우 수업을 마친 후 반드시 숙제를 낸다.

월 교재로 수업을 하기 때문에 주중에 마쳐야 하는 분량을 정해놓고 수업한다. 분량이 마무리된다면 주 1회 정도는 숙제를 내지 않을 수도 있지만 한 달에 1~2회 정도 숙제 없는 날을 만들어 주고 나머지 날은 전 회원에게 숙제를 내어준다.

학부모는 집에서 숙제를 하는 모습을 보면서 아이가 공부하는 모습에 공부방 보내는 보람을 느낀다고도 한다. "생전 공부하는 모습을 못 보았는데 공부방에 보내놓으니 애가 책상이든 거실 바닥이든 교재를 들고 공부를 해요."

일단 그것이 시작이다. 그렇게 공부에 대해 아이 부모 간 신뢰를 쌓게 되는 것이 시작이다.

긍정적인 영향을 주어 공부에 자신감과 실력을 쌓아 올리는 것이 공부방에서 얻는 보람이다. 반대로 상담할 때부터 아이에게 숙제를 내주지 말기를 부탁하는 경우도 있다.

숙제로 아이와 스트레스가 이만저만이 아니었던 것을 짐작할 수 있는 대목도 있다.

그러면 언제까지 공부하는 모습을 부모가 안보길 원할지를 생각해보면 바로 답이 나온다. 아이가 공부하는 모습을 보지 않고 싶어 하는 부모가 아이를 학원에 보낼 이유는 없을 것이다.

단 아이와 숙제로 실랑이를 벌이는 게 지친 것이다. 이 경우 아이가 숙제를 안 해오면 공부방 대기 공간에서 숙제를 하고 수업에 들어오게 하면 된다. 어쨌든 숙제를 내어주면 학교에 가져가서 아침 공부 시간에라도 해온다.

학부모가 원하는 분량이 있을 수 있는데 이 경우 공부방 시스템을 설명 드리고 어떻게 생각하시는지 의견을 물어보고 동의가 구해지는 부분에서 합의가 이루어지면 된다. 혹시 많은 분량의 숙제를 원하는 부모가 있을 수는 있다.

나도 이런 경우가 있다. 이 경우 학부모에게 서점에서 아이에게 맞는 문제집을 하나 고르시고 그걸 보내주시면 내가 숙제를 내어주고 숙제에 대한 채점은 어머님이 해주시면 어떨지 권해드렸다.

숙제 검사는 선생님께 받고 다시 숙제 분량을 메모해 집으로 보내주는 형식으로 상담하니 어머님은 몇 년째 그렇게 유지하고 있다. 그렇게 공부하는 습관을 들이다보면 주변에 학원 숙제하고 자기 공부도 하는 친구들이 눈이 들어오기 시작하고 그렇게 공부에 담을 쌓던 아이는 어느새 숙제 해오는 아이가 된다.

물론 어디에도 100%는 없다. 다만 그렇게 끌어주고 성장시키는 노력에 숙제의 의미를 두면 무리하지 않고 긍정적인 효과를 낼 수 있다.

Q6. 방학으로 아이들이 줄어들까 걱정이에요.

A: 방학은 아이들과 복습과 예습을 할 수 있는 절호의 기회이다. 아이들도 학사 일정에 바쁜 일상을 잠시 뒤로 하고 숨 돌릴 수 있는 시기이다.

이때를 기회로 한 달 쉬겠다는 아이들이 발생할 가능성이 있다. 학부모의 경제적 사정이나 여행으로 방학 중 수업에 대한 소홀함에 대한 편견이 있을 수 있다.

입회한 지 얼마 되지 않은 회원일수록 이런 문의가 있을 수 있다. 〈예측 가능한 교사가 믿을 수 있는 교사이다〉 강의 중 빼놓지 않는 문장이다.

보통 방학 시즌은 12월~2월, 7월~8월이다. 12월엔 평 달에 비해 거의 단원이 마무리되어 평가 등으로 시간을 지내게 된다. 학부모도 11월부터는 학원을 바꿔볼까 하는 평소에 해보지 않던 여유가 생긴다.

꼭 공부방에 대한 불만으로 변경하려는 것은 아니다. 부모이니까 내 아이에게 경험해보지 못한 새로운 환경을 주고 싶은 마음에서이기도 하다. 우리가 할 수 있는 일을 하면 된다.

11월이 되기 전 최소한 10월에는 가정통신문을 활용한다. 가정통신문에 방학 수업과 특강 등에 관한 내용을 실어 엄마의 마음을 미리 잡는 작업을 해야 한다.

엄마가 다른 생각 할 틈을 주지 않는 차원 그리고 우리 공부방의 건강을 위해 일정을 놓치지 않아야 한다. 11월 학습할 단원과 학교 형성평가 대비를 하고 있음을, 12월부터 진행되는 다음 학년 예습 일정 3월에 있을 진단평가를 위해 틈틈이 복습을 해나갈 것임을 단단히 공지한다.

우리 아이가 학년이 올라가는데 몇 년째 공부방에만 다니게 두는 게 옳은지 고민하기 전에, 몇 년째 우리 공부방에 다니기에 받을 수 있는 철저한 학습 관리를 알려야 한다.

다양한 방법을 도입하여 회원 성향에 맞춤지도는 회원이 공부에 흥미를 느낄 수 있다는 장점이 있다. 선생님의 꼼꼼한 코칭이 티칭 만으로 이루어지기 어려운 부분까지 채울 수 있다.

시스템을 베이스로
회원 성향별 맞춤
지도

• 동영상 학습
• 일대일 수준별 맞춤 지도
• 스스로 학습으로
  문제해결력키우기
• 일일 학습지로 채움학습

그리고 공지에 맞는 수업을 철저하게 하면 된다. 단 너무 많은 것을 아이들에게 강요하면 방학 중 휴회로 이어질 확률이 높다.

공부에 진심인 아이들이라 하더라도 방학은 방학의 단어가 갖는 특별함이 있다는 것을 우리는 잊으면 안 된다. 아무리 엄마가 보내고 싶은 공부방이라도 아이가 공부방 가는 게 싫다고 하다면 반드시 휴회한다.

Q7. 공부방은 몇 학년까지 지도하면 좋을까요?

A: 보통 공부방에서 지도하는 학년은 초 중등부가 주가 된다. 공부방에서 늦게까지 아이들을 지도해도 되는 경우와 그렇지 못한 경우가 있다.

살림과 병행하는 경우 배우자의 퇴근 시간과 아이들의 귀가 시간을 고려하지 않을 수 없다. 가족들의 합의가 이루어진 경우엔 늦은 수업도 가능하지만 한 번 늘린 수업 시간을 줄이는 것이 돈 씀씀이를 줄이는 것보다 쉽지 않은 일이니 신중해야 한다.

내 가족이 우선이라는 생각을 하고 시간을 조정하며 수업 공간을 만드는 것이 중요하다. 이에 따라 대상 학년도 정해지기 마련이다.

오후 7시~8시 사이 수업이 가능하다면 중등부까지, 6시까지 수업이 가능하다면 초등부까지로 마음을 정하는 것이 좋다. 중등부의 경우는 수행평가나 개인 일정에 따라 늦거나 빠져서 보강을 해줘야 하는 경우도 있으므로 6시 이전에 중등부를 마치겠다는 확신은 어렵다.

시간을 너무 빠듯하지 않게 정해 두어야 수업도 충실히 여유를 갖고 진행할 수 있다. 앞서 시간을 먼저 이야기한 까닭은 시간을 배정하는 것에 따라 내 수입의 차이가 있을 수 있기 때문이다. 초등회원만 있는 경우에 비해 중등부 이상의 회원을 보유하는 경우 많게는 두 배 이상 수입의 차이가 생긴다.

가정형(거주하며 공부방을 운영하는 아파트형) 공부방인 경우 아이가 좀 더 성장해 손이 덜 가게 되면 그동안 쌓은 지도 스킬을 발휘해 시간을 두 시간 정도만 늘려 중등부를 받기를 권하고 싶다.

중등부 회원을 받게 되면 6학년 회원의 2학기 휴회를 어느 정도는 막을 수 있다. 6학년 회원 어머니에게 2학기가 되기 전 여름방학부터 사전 공지를 해서 6학년 휴회를 예방하면 좋다.

내 경우 6학년 회원은 1학기 6월이 되면 방학 특강에 대한 예고를 한다. 여름방학 기간인 7월과 8월 두 달간 6학년 2학기 선행을 진행하며 신청 회원에 한해 예비 중등 수업을 진행한다는 공지를 한다.

이와 함께 수업 단원과 사용하는 교재를 구체적으로 안내한다. 6학년 회원에게 5월 이후부터는 미리 중등 수업에 관한 이야기를 공부하는 중간 중간 해두면 아이들도 '중등 수업을 하게 되는구나'라고 자연스럽게 인식하게 된다. 선생님에 대한 믿음이 있다면 가능한 일이다.

　중등 수업을 하면 대략 5학년 2학기 회원들의 이탈을 예방하면서 안정된 수업을 하는 데에 도움이 된다고 볼 수 있다. 6학년이 되면 대부분의 학부모가 크게 달라지는 교과에 대한 불안감이 있기 마련이다

　중등에서 고등은 오히려 안정적인 편이나 초등과 중등은 수업을 진행하는 교사 입장에서 보아도 전반적으로 크게 달라진다고 느끼는 학부모의 생각에 공감이 된다.

　6학년 수업에 지장이 없이 꾸준히 수업한 회원의 경우는 대부분 중등 수업에도 큰 흔들림이 없다는 사실을 현장에서 느끼는 교사의 언어와 시각적인 자료를 준비해 6학년 2학기 시작 전부터 안심을 시켜드리는 발 빠른 대처가 필요하다.

　나는 예비초등부, 초등부 그리고 중등부와 예비고 반까지 수업하고 있다. 잘 구성된 수업 과정에 시스템이 받쳐준다면 선생님의 수고가 한결 덜어지므로 시스템의 도움을 받으면 좋다.

⟨초등 중등 수업 관련 사이트⟩

초등 중등 수업 관련 사이트에서 프린트 가능한 무료, 유료 학습지를 제공함

족보닷컴(www.zocbo.com) : 중고등 내신 대비 단원별 문제 및 기출문제 유료 제공

푸르넷 에듀(www.purunet-edu.co.kr) : 초등 중등 인강 및 시험지, 문제은행 유료 제공

푸르넷 아이스쿨(www.purunet-ischool.co.kr) : 초등 인강 및 시험지, 문제은행 유료 제공

밀크T(www.milkt.co.kr) : 초등 중등 인강 및 학습지 유료 제공

일일수학(www.11math.com) : 무료 초등수학 프린트 학습지 프린트 수록

미래앤(www.mirae-n.com) : 맘티처 - 예비초등(유아) 및 초등 한글 수학 학습지 프린트 수록

에듀 넷 티-클리어(www.edunet.net) : 교육부 공식사이트로 초등학교부터 중학교까지의 교육자료 수록. 단원평가 자료 공개

학습지제작소(tistory.com) : 초등 중등 영어 수학 연산학습지 제공

Q8. 거꾸로 수업(플립드 러닝) 수업이 궁금해요

A: 거꾸로 수업은 학습자가 수동적인 전통적인 수업 방식에서 좀 더 능동적인 방식으로 수업하는 방식이다.

예전에는 수업 전 오늘 배울 내용을 읽어보고 오길 권하고 수업 후 문제를 풀어 학생이 수업내용을 잘 이해했는지 평가하고 숙제를 내어주는 방식이었다. 우리도 그렇게 수업을 받았던 걸 기억한다. 이에 비해 플립드 러닝 방식은 수업내용은 선생님이 미리 내어준 자료를 통해 학습한 상태에서 수업시간에는 미리 공부한 자료를 통해 문제를 풀어 지식을 적용하게 된다.

선생님은 수업 시간에는 문제를 풀지 못하는 학생을 돕는 개별화 수업에 많은 시간을 할애한다. 학교에서 수동적 수업을 받고 가정에서 과제를 하던 방식에서 벗어나 가정에서 능동적 학습을 하고 학교에서 실습과 과제를 하는 방식으로 생각하면 이해하기 쉽다.

플립드 수업과 유사한 방식인 거꾸로 수업은 몇 년 전부터 우리 교육 현장에 적용되고 있는 형태로 나도 공부방에서 이 방식을 적극적으로 활용하고 있다. 코로나로 인해 확대된 원격수업의 대중화에 적합한 수업방식이다. 물론 학교처럼 아이들과 토론을 하는 방식으로 수업을 진행하기엔 학원의 목적과는 차이가 있다.

수업의 방식을 처음부터 교사가 일일이 설명하기 전 동영상으로 사전학습을 한 뒤 들은 부분을 5~10문항으로 체크를 하고 문제를 풀어보는 방식으로 학습을 한 뒤 문제를 풀면서 이해가 안 되는 부분을 교사와 일대일로 첨삭하는 방법으로 적용한다.

여러 상황으로 집에서 인터넷 사용이 어려운 학생들에게는 효과적이지 못할 수 있다는 점을 우려가 있으나 코로나로 인해 학교에서 원격수업을 하게 되면서 대부분의 가정에서는 거꾸로 수업이 이 또한 가능하게 되어졌다. 덕분에 공부방에서도 시스템을 활용하여 이 방식을 적극적으로 도입해 운영하고 있다.

Q9. 지도하는 과목이 많을수록 좋은가요?

A: 공부방을 시작할 무렵 회원이 없어 회원모가 원하는 과목은 모두 지도했다.

지금도 회원모가 원하는 과목 상담 시 지도해드리는 방향으로는 하고 있으나 많은 과목을 지도하려면 그만큼의 책임이 따르고 업무량이 늘어난다. 체크해야 할 교재가 늘어난다는 것은 수입이 늘어난다는 것과 비례하지만 시간이 흐르고 회원이 늘어나게 되면 반드시 긍정적이지만은 않은 게 사실이다.

내 공부방 주요 과목이 무엇인지 정하고 상담 시 주요 과목 위주로 상담하고 추후 추가하면 학습에 도움이 될 수 있다고 판단되면 상담을 통해 권하는 것도 좋은 방법이다. 또한 과목당 수업료가 내가 하는 일에 비해 너무 낮게 책정하지 않는 것을 권한다.

물론 회원모에게 경제적 부담이 되는 것은 사실이니 적당한 금액으로 책정하고 과하게 권하진 않는다. 한 회원이 수업이 가능한 시간이 한정적이고 공부 성향이 다르니 회원의 학습량 파악을 먼저 하고 소화할 수 있는지를 결정하는 것이 좋다.

Q10. 한글을 못 뗀 아이들은 어떻게 지도할까요?

A: 방문학습지 또는 유아교육 기관에서 대부분 한글을 떼고 초등학교에 입학한다고 생각하는 경우가 많다. 하지만 현실은 그렇지 않은 경우가 생각보다 많다.

한글이 조금 늦는 경우 때가 되면 우리말인데 당연히 할 수 있겠지 하고 한두 해를 지내다 입학을 앞둔 7세부터 한글을 떼기 위해 공부방을 찾아오는 일이 의외로 많다.

말은 잘하는데 글자 인지력이 늦는 경우도 있고 말도 느려 글도 느린 아이도 있다. 때론 난독증이 의심되는 경우도 있다. 공부방 회원구성과 시간을 고려하여 회원을 가입시켜야 한다. 한글 수업은 선생님의 터치가 많이 필요하다. 따라 읽기, 따라 쓰기 6개월이 지나야 혼자 앉아 쓰고 읽으며 있는 시간이 20분 정도 될 수 있다. 집중력도 40분 이상 유지하기는 어렵기 때문에 수업 시간 중 다양한 방법으로 아이의 수업에 선생님의 개입이 필요하다.

<효과적인 한글 떼기 수업>

1. 매일 20분은 1:1 읽기 쓰기 연습지도 :읽기 지도는 정확한 발음을 하도록 하는 위주로, 쓰기 지도는 자음 모음의 쓰기 순서를 정확하게 알려준다. 회원이 따라 하지 않더라도 공부흐름을 끊지 말아야 하는 것에 주의한다. 한 번에 따라하지 못해도 매시간 끈기를 갖고 선생님을 바르게 쓰면서 차츰 유도하면 좋다.

2. 한글 쓰기 노트(10칸 노트)에 선생님이 배운 낱말, 단어, 문장 적어주고 (선생님은 색깔펜으로) 따라 쓰기 시간 주기. 그렇지만 쓰기보다는 읽기에 주력하는 것이 효과적이다. 우선 읽고 읽을 줄 알면 쓰는 것은 자연스럽게 향상된다. 패드를 활용하는 콘텐츠는 한글 학습에 매우 효과적이다.

3. 주 1~2회 매회 10분 이내 동화 듣기 시간을 주어 말과 글의 이해력을 증진 시킨다. 예를 들어, <EBS 한글이 야호!> 라는 프로그램을 활용하는데, 스티커북과 쓰기장이 세트로 구성되고 동영상도 제공되어 영상은 집이나 공부방에서 보여주고 따라 읽게 지도하고 있다.

구글에서 한글 익히기 영상을 찾아보면 다양한 콘텐츠를 발견할 수 있다. 이 외에도 다양한 한글 떼기 전용 학습지가 있다.

4. 반복 학습의 중요성을 간과하지 않되 반복적인 자료만 제공하지 않도록 한다. 내 경우 부교재를 선택해서 반복 학습을 한다. 앞서 말했듯이 한두 권의 교재가 아닌 자모음에서 시작해서 문장에 이르기까지 시리즈로 되어있는 교재를 선택하고 영상과 함께 활용할 수 있는 교재라면 가장 좋은 교재를 선택했다고 본다. 부교재는 스티커 북과 쓰기 익힘책이 함께 있는 교재가 활용하기 좋다.

5. 숙제를 내준다. 집중력이 길지 않으니 공부방에서 길어야 40분 수업을 하게 되므로 매일 매일 숙제를 주면 좋다. 방문학습지의 경우 매일 매일 날짜별 숙제를 내어주는 점은 벤치마킹해 좋다.

6. 공부한 날짜를 활동지나 학습지, 쓰기 노트에 표시해주면 회원이 공부하고 있는 것을 시각화해주면 회원모가 안심하고 아이를 맡길 수 있도록 신뢰를 준다.

7. 6개월 이후 읽고 쓰기에 적응이 되면 초등 1학년 받아쓰기

자료를 활용한다. 읽고 쓰기에 교과서는 직접적으로 도움이
된다. 교과서를 활용해 문장 쓰기 연습을 병행하면 한글이 늦
는 회원인 경우 학교 수업을 따라가기에 특히 많은 도움이
된다.

장사는 이문을 남기는 것이 아니라
사람을 남기는 것이다.

상업이란 이익을 추구하는 것이 아니라
의를 추구하는 것이다.

소인은 장사를 통해 이윤을 남기지만
대인은 무역을 통해 사람을 남긴다.

– 거상 임상옥 (최인호의 상도에서) –

운영/관리에
관하여

Q11. 학생은 얼마나 받으면 적당한가요?

A: 공부방을 시작할 때 나는 단 한 명의 회원도 없었다. 거실에 6인용 책상 하나를 펼쳐 놓고 회원이 오길 기다렸다. 넋 놓고 앉아 기다리면 안 된다는 사실을 비교적 빠르게 깨달은 것은 다행한 일이다.

지은 지 오래된 낡은 아파트의 단점으로 신축아파트에서는 내 공부방을 무시하기 일쑤였다. 그래도 1년이 지나고 나는 30 회원(30과목) 학생 수는 15명 이상을 지도하고 있었다.

이 회원이 1년 이상 더 유지된다면 그 뒤 1년 동안 다시 모집된 회원이 10명이 추가될 것이므로 이때부터 공부방은 탄탄하게 자리 잡기 시작한다.

3년 차가 되면서 기존회원들이 장기회원으로 누적되고 입소문이 나기 시작하면 공부방은 가속이 붙기 시작한다. 50 회원 이상을 만들고 그 이후 80 회원 이상이 되다가 어느 순간 100 회원 이상이 계속 유지 된다.

이 사이 들고 나는 회원들이 당연히 생기기 마련이나 그로 인해 공부방이 크게 흔들리지는 않는다. 100 회원을 이끌어 나가면서 그 시간 동안 쌓은 상담 스킬과 학부모 소통 스킬 그리고 학생과 수업하는 힘은 엄청나게 길러졌을 것이기 때문이다.

100 회원을 수년 동안 유지하고 수업을 하고 있다는 것만으로도 어떤 고난과 맞바꾸었는지 알 수 있다. 100 회원이 넘어 120

회원이 되면 혼자서 지도할 수 있는 데에 한계를 느끼게 되는 순간이 온다. 아이들을 지도한다는 것은 단순히 물건을 많이 팔아 수익을 얻는다는 관점에서의 사업이 아니므로 내가 할 수 있는 선을 지켜가며 일하는 게 필요하다. 욕심을 버리라는 말이 아니라 내 사업을 위해 열정을 조절해야 한다는 말이다.

이때부터는 대기자를 만들면 좋다. 단 기존 회원의 형제들의 입회는 언제나 열어둔다. 특히 학기 초엔 형제 회원의 문의가 많다. 이렇게 하면 내가 적정하게 생각해 둔 회원 수를 초과하는데, 이때는 자연스레 타 학원으로 옮기는 회원도 있기 때문에 크게 걱정은 안 해도 된다.

학기 중 상담 문의에 대해서는 학년별 시간별 회원을 확인한 후 대기를 부탁드리는 게 좋다. 매달 들고 나는 회원 수와 회원들의 수업 시간대를 파악해 두면 대기를 해야 하는데 회원을 받아 발생하는 업무의 과중과 수업결손은 온전히 선생님이 책임져야 한다.

회원의 수업 시간대를 매달 정리해 두는 꼼꼼함을 당부하고 싶은 이유이다. 대기자만 만들면 끝이 아니다. 상담을 왔던 가망 회원리스트와 대기 회원 리스트를 매월 관리해야 한다.

'눈에서 멀어지면 마음에서도 멀어진다'라는 말을 기억하자. 공부방 방역 장면이나 공부하는 회원들의 모습, 교육과정 안내나 부모교육자료, 교재안내, 다음 달 수업하게 될 학습단원 안내 등을 공지하는 경우 회원뿐 아니라 가망 회원에게도 함께 보낸다.

내 문자가 귀찮게 느껴지지 않을 정도로 횟수는 월 1회 정도가 적당하다.

만약 그것마저 원하지 않는다면 학부모는 당연히 차단해 놓으실 것이므로 염려하지 않아도 된다. 타이밍이 맞는다면 가망 회원은 이제 지도회원이 되는 순간이 되어 줄 테니 작은 노력을 기울여봄이 어떨까?

Q12. 공부방 회원을 늘리고 싶어요.

A: "공부방은 공부하기 위해 오는 곳이니 너희는 조용히 시키는 대로 공부만 해"이런 공부방에 자신이 다닌다고 자신의 자녀가 다닌다고 생각해보면 간단하다.

공부방은 공부만 하는 곳이 아니다. 이곳은 작은 사회이다. 학교와 학원 그리고 가족 이외에 또 다른 형태의 작은 단위의 사회. 그곳에서도 공부 말고도 배우는 것이 있다.

친구와 선생님과 상호작용을 하며 이루어지는 게 공부이기 때문이다. 공부방 회원은 성적이 오른다고 해서 늘어나는 것만은 아닌 것 같다.

내 공부방에 다니는 회원들 중 반 이상은 중하위권 아이들이다. 공부방에 온다고 모두 상위권으로 만들어 줄 수는 없다. 하위권을 면하게 하고 중위권은 좀 더 끌어 더 떨어지지 않고 좀 더 나은 성적을 만들어 주는 일이 60%를 차지한다고 생각한다.

나머지 회원은 확실히 성적이 오르고 상위권으로 진입을 한다.

상위권이 된 후 좀 더 유명한 학원을 찾아 떠나는 회원도 있지만 친구를 소개해주고 지인을 소개해주는 경우가 훨씬 많다. 상위권으로 도약을 하지 않아도 공부방에 다니는 게 어디를 다니는 것보다 편하고 선생님이 좋아서 오는 회원들이 오히려 더 많은 친구를 소개해준다.

그리고 공부방을 다니면서 공부 습관이 눈에 띄게 잡히고 공부방 가방을 들고 가는 지인의 아이를 보는 순간 내 아이도 저기에 다니면 최소한 매일 공부하는 습관은 잡히겠구나 하는 관심을 보이면 이 또한 문의 전화로 이어진다.

아이가 매일 빼먹지 않고 공부방에 오게 하는 것, 이 방법을 나름의 공부방환경과 선생님의 경향성에 맞게 만들어가기 위해 노력한다면 장담하건대 공부방 회원은 는다. 대기자도 분명 생긴다.

첫째도 관리 둘째도 관리다.

2 0　　년 (　)월 월간학습일지 ♥ ♥ ♥

회원	단평				단유				월평				출결	교재	주간	수업과목					
	국	수	사	과	국	수	사	과	국	수	사	과				초등	심수	버디	독서	한자	특강
국○																○	○	○			
전티																○		○			
정히																○		○			
박기																○		○			
정ㄴ																○	○				
김○																○	○				
최티																○		○			
김ㄷ																○			○		
윤○																○		○			
안지																○	○		○		
박○																○					
정ㄱ																○			○		
박ㅈ																○					
이ㅁ																○					
유ㅁ																○	○				
길ㅈ																○				○	
김ㅅ																○		○			
강ㅇ																○	○		○		

(　안　) 회원의 상세정보

회원번호	회원명	상품	지도개시	상품개시/만료	성별	최초가입일
2014C	안	초등	2014.07.	201	남	2014.10.01
		한자	2015.10.	104		2015.10.01
		논술	2014.10.	207		2014.10.01

회원관리

월간 학습일지로 학생의 학습 전반을 체크해 한 눈에 파악할 수 있다. 아래는 회원별 지도 과목과 지도 개시 및 교재만료 날짜를 정리해 놓고 회원의 학습사항이나 기록해야 할 내용을 메모해 추후 상담 자료로 활용한다.

Q13. 공부방 안전사고가 걱정이에요.

A: 공부방은 동적인 활동보다 정적인 활동이 주가 되는 특성상 학원업종 중 안전사고가 잦은 편은 아니다.

하지만 유치부부터 중고등부까지 다양한 연령대가 매일 출입하고 한 공간에서 적게는 1시간 많게는 2~3시간 공부방에 있다 보면 예측하지 못하게 다치는 경우가 있다. 또는 장난이 심한 아이들은 싸움까지 이어지기도 한다. 선생님의 개입이 있어 다툼이 조정이 되지만 학원 내에서 다치는 경우 학원 보험이 있다면 학원의 대비에 대한 이해와 신뢰를 쌓는 계기가 되고, 치료비 면에서도 학부모님과의 통화가 편할 수 있다.

한국 안전공제회가 발표한 2016년도 어린이 안전사고 발생 통계에 따르면, 초등학교 안전사고 발생률은 약 33%로 미성년자 중 가장 높은 비율을 차지한다. 초등학생은 미취학어린이에 비해 독립성과 자율성은 많이 주어지지만, 아직은 미숙한 판단력으로 인해 안전사고에 많이 노출된다. 따라서 지속적으로 안전사고 예방에 대해 인지시켜주는 것이 중요하다.

공부하는 시간보다는 움직임이 있는 입·퇴실 중이나 화장실에 다녀오는 시간 등에 사고가 일어날 확률이 높다. 또한 공부방 외부 요인으로 심리적인 불안정상태가 공부하는 중 지속되어 작은 일에도 몸싸움이 일어날 수 있다. 자기조절능력이 아직은 부족하기 때문이다. 교사는 학생이 입실할 때 한눈에 심리상태를 파악할 수 있으므로 이런 경우 학생의 상황을 수업 중 세심하게 관찰하면 큰 문제로 불거지는 일은 예방할 수 있다. 수업 중에도 일어날 수 있는 경우가 있다. 수학 단원의 경우 삼각자나 컴퍼스를 사용해야 하는 단원이 있다. 주로 3, 4학년에 사용되는 수업 교구인데, 이 학년의 경우 주의력이 높지 않을 수 있으니 교구 사용 시 주의해야 한다.

한 쪽 교실에 CCTV를 설치하고
선생님 책상에 아이들이 오고 가며 볼
수 있도록 했다. 설치 되어있는 사실을
아는 것만으로도 예방효과가 있다.

나는 이 단원을 수업할 때엔 교구 사용 문제는 빼놓게 하고 반드시 선생님 책상으로 와서 교구 사용법을 익히고 문제를 같이 풀게 하여 추후 완전히 숙지된 경우 문제는 집에서 숙제로 해오게 한다. 문제를 풀다 주위를 살피지 못해 일어날 수 있는 안전사고는 미리미리 차단해준다.

과학단원의 경우 실험을 할 때가 있다. 과학 실험은 아이들이 가장 좋아하는 이벤트이다. 수업 중 해보는 경우는 안전에 전혀 상관이 없을 만한 종류의 실험을 한다. 알코올램프나 전기 실험 등 다소 복잡한 실험은 수업 시간을 달리해서 토요 특강으로 진행하거나 소그룹으로 진행한다.

실험방법을 상세히 알려주고 학교에서 먼저 실험해 본 후 공부방에서 진행하면 학교에서 결과를 제대로 얻지 못한 경우 보충학습의 효과도 있고, 미처 깨닫지 못했던 실험 결과를 발견한 아이들의 호응도 좋다. 안전하게 즐거운 과학 실험 시간이 된다.

비 오는 날 각별히 신경을 쓴다. 우산꽂이도 개별 구멍이 되어 있는 것으로 준비하여 우산끼리 서로 엉켜 넣고 꺼낼 때 다칠 위험을 줄인다. 갑자기 쏟아지는 장마철엔 공부방 우산을 별도 준비해 귀가길 아이들에게 제공한다.

비 오는 날 투명우산은 보행 중 교통사고를 30% 가까이 감소시켜주는 효과가 있다. 불투명 우산보다는 투명우산을 준비해 제공하면 비 오는 날 공부방 밖 계간을 내려갈 때나 길을 건널 때 시야 가림으로 인한 안전사고를 예방할 수 있다.

학원 차량의 경우 학생이 차량에 혼자 남아 갇히는 상황이나, 타고 내릴 때 안전선 안으로 진입을 확인한 후 차량을 움직여야 한다. 아이들과 함께하는 일은 수업뿐 아니라 귀가까지 안전하게 하는 것이 수업의 마무리다.

<학원 배상 책임보험>

대상 : 학원, 독서실을 운영하는 사업자

과태료 : 미가입 일수에 따라 최대 300만 원까지 과태료 부과

관련 법령 : 학원의 설립. 운영 및 과외교습에 관한 법률 제4조

필수가입 대상은

학원. 독서실을 운영하는 사업자님들은 반드시 가입

지키지 않으면

가입/갱신 할 때마다 교육청에 알려야하고 늦게 가입 혹은 가입하지 않으면 300만원 이하의 과태료 발생

만약 사고가 나면

수강생이나 방문자의 피해에 대해 1억원 내에서 보상

개원하셨어요?

시·도별로 보험가입 시점과 가입 후 교육청에 알려야 하는 시점이 조금씩 달라요

사진출처: 보험가이드

Q14. 5월의 숙제 : 공부방 소득신고 복잡해요

A: 공부방은 개인사업자를 내고 교육청에 신고하는 과정을 거친 교육업과 동시에 서비스업이다.

교육 서비스업도 사업과 다르지 않다는 점을 간과하면 운영에 있어 한쪽으로 치우치게 된다는 점을 유의해야 한다. 운영의 묘를 잘 살려 보람과 돈을 동시에 얻는 현명함을 추구하면 어떨까.

신고서 제출 접수증

사용자 ID		사용자명		접수일시	20:
접수결과	정상	접수번호	305		

· 제출내용

납세자명	○○공부방	납세자번호	
과세년월	202	신고구분	정기신고
신고서종류	사업장현황신고서	첨부한서류	2

위와 같이 접수 되었습니다.

※ 세무서 전자신고 창구에서 도움을 받아 신고한 경우에도 모든 책임은 납세자인 귀하에게 있으니 최종신고서 작성내용을 재차 확인하시기 바랍니다.

※ 해당 신고기간내에 다시 신고(신고내용의 변경 유무에 상관 없음)하는 경우에는 최종 신고한 내용만 정당하게 신고된 것으로 보니 유의하시기 바랍니다.

개인사업자는 매해 2월 사업장 현황 신고를 해야 한다. 사업장 현황 신고 후 그해 5월에는 종합소득세 신고가 남아있다. 이 두

가지를 잘 마무리하면 한 해 신고할 것은 마무리된다.

필자의 경우를 보자면 소득이 낮은 공부방 초창기엔 5월 종합소득세 신고를 혼자 스스로 했다. 해당 세무서에서 번호표를 뽑고 대기해 직원이 내주는 정산을 통해 몇 분 안에 간단히 신고를 마친다. 그때는 준비해야 하는 서류도 거의 없었다.

회원이 늘고 수입도 늘어나면서 세무신고에 놓치는 부분 없이 본업에만 집중하기 위해 나는 세무 대리를 선택했다. 오랫동안 세무사에 맡겨 두니 시기에 맞춰 간단한 연락을 주고받으면서 세무 업무를 끝낸다. 내 세무 업무에 대한 스트레스를 상당히 줄일 수 있었다. 물론 본인이 직접 홈텍스에 해도 무관하다.

현금으로 수업료를 받는 경우 학부모가 원하는 전화번호를 저장해 두고 매달 현금영수증을 발급하면 된다.

공부방 선생님은 개인사업자이므로 따로 사업용 카드를 발급받지 않고 기존 사용하던 신용카드를 사업용 신용카드로 등록만 하면 세제 혜택과 신용카드 신고 시에도 편리하다.

손안의
홈택스

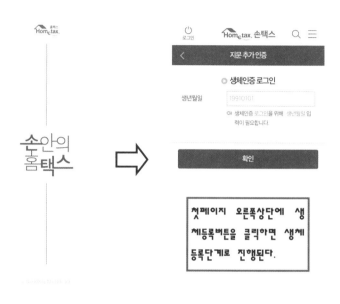

첫페이지 오른쪽상단에 생
체등록버튼을 클릭하면 생체
등록단계로 진행된다.

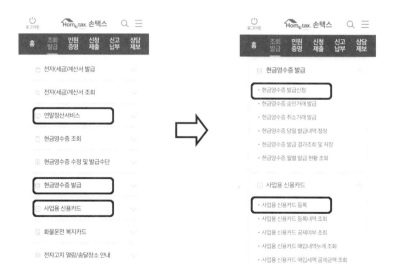

Tip ‼ 5월부터 1년 단위 정기예금을 해둔다. 소득세에 들어 갈 비용을 일정금액 만큼 적립해두고 세금을 내야 할 금액을 모아두면 해당 월에 준비해 둔 돈으로 세금을 내면 목돈이 나가는 심리적 부담을 훨씬 줄일 수 있다.

Tip ‼ 휴대폰에서 손텍스 어플을 다운받아 활용하면 전자계산서, 현금영수증, 신용카드 등록 등을 공동인증서나 금융인증서를 로그인하지 않아도 생체인식으로 간단히 조회/등록 등 간단한 업무를 모두 볼 수 있다

마지막으로
애써 자신에게
말을 건네면 좋겠다

난 오늘 참 잘했다고

실수하지 않아서가 아니라
포기하지 않아서

뒤처지지 않아서가 아니라
멈춰 서지 않아서

-정영욱 '참 애썼다 그것으로 되었다 中-

에필로그

내가 나를 먹여 살리는 힘이
타인도 나도 성장하게 한다.
세상에 선한 영향력을
줄 수 있다는 것은
나를 더 성장시키는
힘이 된다.

중심을 잡아 지식을 편식하는 오류를 방지해야 한다.

그러므로 기록하여 재구조화하는 작업이 더욱 필요한 직업이다. 첫해부터 지금까지 15권의 다이어리는 내게 기록하는 습관을 통해 계획을 실행에 옮겨 탄탄한 공부방을 만들어가는 힘이 되었다. 매일의 일상을 의식처럼 기록하는 것 '리추얼'의 힘이다.

이것은 공부방을 운영자이면서 10년 넘게 강의도 하고 선생님들 앞에 당당히 공부방의 모든 것을 나눌 수 있는 선배 선생님으로서 당당하게 설수 있는 힘이 되어 주었다.

내가 책을 쓰는 데에는 혼자만의 노력이 아닌, 오랜 시간 묵묵히 나를 지켜봐 준 분, 나아갈 방향을 알게 해 준 분, 주변에 나를 도와주는 분들 덕분이다. 처음 공부방을 시작할 때부터 이 글을 마친 오늘까지 바쁜 엄마를 이해하고 많은 것을 양보해 준, 단단하게 성장해가는 아이에게 고맙다.

감사함을 전하며 글을 마친다.

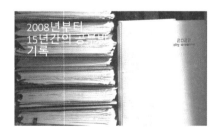

2008년부터
15년간의 공무원
기록

2022